스토리텔링을 위한

창의력논술학교

신동명·최명숙 지음

스마트인

프롤로그

엄마가 아이에게 글쓰기를 하자고 했더니 아이가 고개를 절래절래 흔듭니다. 엄마는 옆에서 "글쓰기 공부해야 좋은 대학 간다."고 빨리 쓸 것을 재촉합니다. 도래질치던 아이는 마침내 토하기까지 합니다.

저 아이에게 어른들은 무슨 짓을 한 걸까요? 왜 아이가 글쓰기를 거부하며 자기 옷에 토하기까지 한 것일까요?

아이는 팔이 부러져 아프다고 소리를 고래고래 지르고 땀을 줄줄 흘리며 쩔쩔매는데, 그것을 바라보는 부모의 마음은 안타깝기만 합니다. 어떻게 손쓸 방법이 없기 때문이지요. 부모가 전문가가 아니기에 어디가 어떻게 아픈지 알 수가 없습니다. 아이를 데리고 근처의 병원으로 갑니다. 막상 병원에 가보니 전문의가 없습니다. 그래서 다시 아이의 팔을 붙들고 다른 병원으로 달려가니 의사선생님이 만병통치(萬病通治) 약이라며 처음 보는 알약을 조제해 주는 것 아니겠습니까? 그 약을 먹이니 아이는 더 아프다고 이제 눈물 콧물까지 흘립니다. 안 되겠다 싶어 또다른 병원을 찾았습니다. 여기서는 X-ray와 MRI를 찍으랍니다. 그리고 나서 의사 선생님이 다리에 기부스 해 주셨습니다.

우리나라 논술은 지금 이런 상황에 처해 있습니다. 이런 상황에서는 이 병원 저 병원 다녔으니 다친 아이는 얼마나 고통스러웠겠습니까? 제대로 된 약을 먹거나 바른 처치를 받지 못했으니 말입니다. 게다가 팔이 부러졌는데 다리에 기부스를 했으니 얼마나 고통스러웠을까요. 왜 이런 일이 일어난 걸까요?

논술의 살과 뼈를 훤히 들여다볼 수 있는 X-ray가 준비되어 있지 않았기 때문입니다. 논술의 뇌와 핏줄까지 훤히 들여다 볼 수 있는 MRI가 준비되어 있지 않았기 때문입니다. 그리고 X-ray와 MRI를 보고 정확히 판독하고 처방할 수 있는 전문 선생님이 없었기 때문입니다. 논술이라는 전체 그림을 보고 진단하고 맥을 짚을 수 있는 논술선생님이 없었기 때문입니다.

아이에게 행복한 논술이 되기 위해서는 논술의 머리는 어디이고, 논술의 뼈 마디는 몇 개로 이루어져 있으며, 심장의 위치와 내장의 구조는 어떤 것인지 훤히 알 수 있는 논술 해부도를 빨리 만들어야 합니다. 아이가 아파하는 부분이 어디이고 원인이 무엇인지를 판단하여 정확하고 신속하게 아이가 믿고 성장할 수 있는 논술교육환경을 만들어야 합니다.

이것으로 끝난 것은 아닙니다. 논술은 사람과 같아서 육체와 정신이 있습니다. 그렇기 때문에 육체 위에 '정신'이라는 맑은 샘물을 붓는 일이 남았습니다. 창의성을 어떻게 덧붙일 수 있는지, 그 창의성을 어떻게 논리적 표현과 판단으로 발전시킬 수 있는지, 그 창의성과 논리성이 마침내 많은 사람을 행복하게 할 수 있는 문제해결 능력으로 승화할 수 있는지를 고민하는 과정이 바로 그것입니다.

지금 바로 아이들의 위한 '논술해부도'를 만들어주세요. 논술 X-ray와 MRI를 만들어야 합니다. 우리 아이들을 제대로 교육할 수 있는 훌륭한 논술선생님들을 육성해야 합니다. 이것만이 논술이고 저것은 논술이 아니라는 20세기에나 걸맞을 이분법적인 발상에서 벗어나 논술 전체의 그림을 그릴 수 있는 훌륭한 논술선생님들을 육성해야 합니다. 그럴 때 비로소 우리 아이들의 생각이 창의적으로 빛나게 될 것입니다. '글쓰기' 하면 도래질치는 아이들이 아픔의 고통에서 벗어날 수 있을 것입니다.

이 책은 '논술 해부도'를 그려내기 위한 고민의 출발일 뿐이지 완성이 아닙니다. 현장에서 살아 있는 실전 논술, 한 아이 한 아이에게 맞는 개인별·수

준별·맞춤식 논술교육, 그것의 현실화……. 현재 토론논술교육까지 스스로 찾아왔지만 갈 길은 아직도 멀고 험합니다. 한국형 토론논술교육의 정착을 위해 체계화, 과학화에 힘쓸 것을 약속하며, 이 책의 내용이 가정에서, 교실에서, 강의실에서 살아 있는 논술로 적용되는 밑거름이 되어 아이들의 환한 웃음으로 돌아오기를 바랍니다.

감사합니다.

신동명, 최명숙

차 례

1부 창의력 논술학교

2부 논술해부도

·제1부·
창의력 논술학교

창의력 논술교육을
해야 하는 이유

왜 창의력 논술지도사 과정을 만들어야 하는가?

"교수님! 교수님!"

한 학부모가 나를 부르며 복도를 달려왔습니다.

"아! 안녕하세요. 그런데 무슨 일 있으세요?"

"교수님께 감사드리려고요!"

"무슨 감사요?"

무작정 감사를 드린다고 하니, 좀 당황스러웠습니다. 그 학부모는 기쁜 표정으로 저에게 이야기했습니다.

"교수님이 하라는 대로 가르쳤더니 우리 아이들이 천재로 돌아왔어요!"

나는 그제야 웃으며 대답했습니다.

"정말 축하드립니다."

"답이 있던 교재로 아이들을 가르칠 때는 우리 아이들이 얼마나 바보스럽게 느껴졌는지 몰라요. 넌 이것도 모르니 하면서 손이 올라가고, 이러면 안 되지 하면서도 야단이 먼저 나왔는데. 이 창의력 논술교육을 받고는 교수님이 이야기한 것처럼 우리 아이들이 천재로 보이고 아이들을 칭찬할 수 있게 되었어요. 그리고 더 중요한 건요. 아이들이 글 쓰는 것을 너무너무 좋아하게 되었다는 거예요! 그 전에는 글쓰기를 너무 싫어했는데, 지금은 두세 장 거뜬하게 하고, 더 하면 안 되냐고 할 정도예요!"

그 어머니는 기쁜 마음을 빨리 전달하고 싶었기 때문인지, 내가 대답할 틈도 없이 속사포처럼 말을 쏟아냈습니다.

"제가 해 드린 게 뭐가 있다고……."

"아니에요. 교수님! 교수님 수업을 듣지 않았다면 저는 오늘도 아이들에게 매를 들면서 강압적으로 외우도록 시키고, 답이 틀렸다고, 너는 머리가 어떻니 저떻니 했을 거예요. 교수님이 주장하시는 창의력 논술교육 방법을 배우지 않았다면 저는 영영 변하지 않았겠죠. 지금 다시 생각해 봐도 끔찍해요!"

"그렇게 바뀌셨다니 저도 기쁘네요."

"지금은 하루 하루 아이들을 가르치는 게 정말 즐거워요. 감사합니다."

사실, 창의력 논술교육을 하면 이런 일이 종종 일어납니다. 논술교육이 끝나면 많은 분들이 다음과 같은 질문을 합니다.

"왜 선생님이 만든 양식으로 논술을 하면 아이들이 글쓰기를 좋아하게 되는 거죠?"

"공을 주면서 아이들이 꽉 찬 운동장에 나가 놀라고 하면 아이들이 싫어합니다. 왜냐하면 놀 공간이 없기 때문입니다. 글쓰기도 마찬가지입니다. 운동장이 넓고 비어 있어야 아이들이 공을 즐겁게 찰 수 있는 것처럼, 아이들의

생각도 넓게 비어 있어야 마음껏 뛰어 놀 수 있고 글쓰기가 즐거워지는 것이
죠.”

나는 언제나 이렇게 답을 건네곤 합니다.

여기저기서 나오는 논술교재들을 보면 ‘창의력’이라는 단어가 많이 붙어
있습니다. 그리고 정해진 답이 있습니다. 이 나라에는 아직 올바른 창의력
교재가 없는 것이지요.

진정한 창의력 교육이 되려면 아이들에게 요구하는 정답이 없어야 합니다.
아이들의 생각이 마음껏 뛰어놀 수 있도록 마음대로 쓰는 것이 답이 되어야
합니다. 이렇게 되면 그동안 우리가 문제 삼았던 모든 문제들이 한꺼번에 해
결됩니다.

강사 일방 주도식에서 학생 표현 주도식이 자연스럽게 변화되고, 항상 칭
찬받을 수 있는 환경이 만들어지며, 더 나아가 자신감 있는 아이, 자기를 사
랑할 줄 아는 아이로 성장할 수 있는 환경이 조성됩니다.

답이 없는데 어떻게 가르치냐고요?

기존의 교육방법이 잘못됐다고 비판하면서도 답이 없어 못 가르치겠다는
건 모순입니다. 잘못됐다고 느끼면 바꿔야지요. 우리 아이들에게 잘못된 교
육방법을 그대로 사용하겠다는 큰일 날 소리와 뭐가 다른 겁니까!

21세기 아이들을 20세기 선생님이 19세기의 교육방법으로 죄책감 없이 그
대로 가르치시겠다는 말입니까!

논술은 학습이 아니라 문화이기 때문에 생활로 정착되어야 하는 것입니다.

그러면 보다 간단명료하게 방법을 말씀 드릴게요!

답이 없으니 가르치려 하지 않으면 되는 것입니다. 아이에게 배우려 하면 되는 것입니다. 교사와 학부모의 역할은 자연스럽게 아이들의 답에 맞추어 가르치는 것입니다. 답에 가깝지 않으면 빨간 색연필로 동그라미, 세모, 엑스를 마구 그어대면서 아이들의 생각을 단죄하고, 자신감을 죽이던 역할에서 벗어나세요. 아이들의 아픈 부분이 어디이고, 어떻게 고쳐주어야 빠르고 쉽게 극복할 수 있는지를 분석하며, 소리없이 대안을 준비해주는 것이 바로 우가 해야 할 역할입니다. 그것이 아이들을 살리는 길입니다.

우리 아이를 미래 지도자로 키우려면

'다른 아이와 비교하지 마세요.'
'다른 아이와 차이가 무엇인지 발견하세요.'
'아이의 적성에 맞게 키워주세요'

'비교'와 같은 표현은 '누구를 닮아라.'이고, '비교'와 같은 뜻은 '비 주체로 살아라.', '비창조적으로 살아라.'입니다.

왜냐고요? 누구와 비교하여 그것을 닮아야 한다면 이미 그것은 한 인간으로서 능동적이자 주체적인 삶을 살아가는 모습이 아닙니다. 더 이상 창조적이고 도전적인 삶을 살 수 없기 때문입니다.

비교하는 행위가 아이를 주눅 들게 하는 것도 큰 문제지만, 더 큰 문제는 '아이의 적성을 판단하지 못한다.'는 데 있습니다.

그렇다면 아이의 적성을 판단하는 것이 왜 중요할까요?

아이의 적성을 제대로 판단하여 아이의 적성을 살릴 수 있는 진로를 선택해야 이 시대가 원하는 인재상으로 자랄 수 있기 때문입니다.

우리는 흔히 21세기에 닮아야 할 인물로 서슴없이 '스티븐 스필버그'와 '빌 게이츠'를 꼽습니다. 왜냐면 이 사람들은 21세기가 요구하는 능력, 즉 미래의 지도자가 갖추어야 할 능력을 고루 갖추고 있기 때문이죠.

이 두 사람의 능력의 공통점을 세 가지로 간추려 정리해보면 다음과 같습니다.

첫째, 도전적인 능력을 갖추었다는 것입니다. 이들은 남들이 하지 않은, 또는 가지 않은 영역을 개척했습니다. 그리고 지금도 개척하고 있습니다.

사실 가지 않은 길은 낯설기도 하지만 언제나 두렵고 힘들 것입니다. 그런데 이 두 사람은 항상 새로운 것에 도전한다는 것이죠.

둘째, 창의적인 능력을 갖추었다는 것입니다. 도전 정신은 두려움을 뛰어넘으면 항상 창의성과 맞닿아 있습니다. 항상 창의적으로 생각하고 끝없이 고민하기 때문에 이 두 사람은 언제나 창의적인 뭔가를 만들어 냅니다.

셋째, 높은 문제해결 능력을 갖추었다는 것입니다. 도전정신을 가지고 창의적인 무엇인가를 만들어내도 현실에서 쓸 수 없다면 창의적인 내용일 뿐 진정한 가치로써 인정받을 수 없습니다. 그러나 이 두 사람은 자신들이 만들어낸 것을 상품화시키고 돈으로 환원시키는 능력을 겸비했습니다. 즉, 문제에 부딪치면 해결하여 현실화시킬 수 있는 능력을 갖추었다는 것이죠.

요즘은 두 가지 직업을 가져야 산다는 말을 많이 하지요. 이런 높은 문제해결능력은 총체적 능력을 갖고 있지 않는 한 어려운 일인데, 이들은 그 능력을 가지고 있는 것입니다.

이들은 어떻게 이런 능력을 갖출 수 있었을까요? 좋은 대학도 나오지 못한 이들이 어떻게 해서 이런 능력을 가지게 된 것일까요?

이들이 어릴 때부터 남과 비교 당하며 주눅 들어 성장했다면 불가능했을 것입니다. 이들이 자기가 좋아하고 가장 잘할 있는 분야를 선택했기 때문입니다. 자신의 적성과 능력을 빨리 발견하지 못 하고 적성과 거리가 먼 학과 선택을 강요받으며 컸다면 과연 이렇게 성공할 수 있었을까요?

우리 아이를 미래의 지도자로 키우고 싶다면 반드시 기억하세요.

'다른 아이와 비교하지 마세요.'

'아이의 적성을 찾아 주세요.'

부모들에게 권하는 '생각 바꾸기' 방법

모든 아이들은 지도자로 성장할 수 있는 능력을 가지고 있습니다. 그러나 아이들의 지도력은 흙 묻은 진주처럼 숨겨져 있습니다.

아이들의 지도력이 진주처럼 빛나기 위해서는 흙을 닦아내는 구체적인 노력과 시간이 요구됩니다. 그런데 부모들의 잘못된 교육관과 성급한 행동 때문에 아이들이 고통을 당하고 지도력을 잃게 됩니다.

어른 눈높이에 맞춰진 교육관,

다른 아이와 비교하는 교육관,

영·수 점수만 중요하게 생각하는 교육관,

눈에 보이는 성적에만 신경 쓰는 교육관,

암기를 강요하는 교육관,

적성이 고려되지 않은 교육관,

간판 따기에 급급한 교육관,

기다리지 못 하고 조급해하는 교육관,

목적은 있고 해결방안은 없는 교육관에서 빠져 나오십시오.

부모들이 한시바삐 빠져 나오지 않는다면 우리 조국의 미래는, 21세기의 미래 지도자 탄생은 요원한 구호가 될 것입니다.

종합문제풀이집이 번호 지우고 통합논술이라 날뛴다

과목에 논술이라는 이름만 붙인다고 논술이 되는 것이 아닙니다.

초등학생 전 과목 시험을 부활시키고 문제 유형은 주관식, 서술식, 논술식으로 내겠다던 교육부의 입장이 발표된 후 교육현장에서는 많은 혼란이 있었지요.

2005년 6월 10일 금요일.

전국의 어머니들과 선생님들, 강사들은 저녁 뉴스를 보며 충격에 휩싸여야 했습니다.

서울시 교육청에서 발표한 초·중·고 '서술형 평가 문제'의 유형이 공개되었기 때문입니다.

'2.10.60.150.5.20 이들 수를 이용해 답이 50이 되는 계산식을 5개 이상 만들어 보시오. 단 하나의 식에는 주어진 수를 한 번만 사용할 수 있습니다.'

(4학년 수학)

'우리나라의 인구는 국토의 북동쪽과 남서쪽 중 대체로 어느 쪽에 많이 분표하고 있는지 쓰고 이와 같이 답한 이유를 간단히 쓰시오.'

(5학년 사회)

그동안 베일에 싸여있던 주관식, 서술식, 논술식 문제 유형이 그 구체적인 모습을 드러내면서 모두가 망연자실한 모습이었죠. 어떻게 하면 이 난국을 극복해야 할지 고민하지 않을 수 없었을 겁니다.

뭐가 문제였을까요? 왜 우리는 망연자실할 수밖에 없었던 걸까요?

그 이유는 문제의 유형이 그동안 듣도 보도 못한 것임은 물론, 답이 정해져 있지 않거나, 답이 다양하다는 것이었습니다.

　기존의 교육환경에서는 이런 문제의 해결능력을 키워주는 것이 힘들다는 사실을 모두 알고 있었기 때문에 망연자실해진 겁니다. 답을 얻기 위해 다양한 접근 방법이 필요한데, 선생님이나 학생들, 부모들 모두 이런 방식에는 낯선 것이 현실입니다.

　이 문제 유형은 서울시를 강타한다고 예고하더니, 급기야 경기도 교육청에서 바통을 이어받아 "경기도도 서술형, 논술형 주관식 문제로 전 과목 시험을 보겠다."고 발표하는 상황까지 이르게 됩니다.

　하지만 저에게 벌어진 상황은 좀 달랐습니다.

"이사장님! 축하드립니다."

"아! 선생님, 웬일이세요?"

"오늘 뉴스 보셨어요? 이사장님 도와주는 것 같아요!"

"서울시 교육청이 발표한 서술형 문제 말인가요?"

"예! 그동안 이사장님이 21세기 논술은 창의력 논술이어야 하기 때문에 답이 정해져 있는 책으로는 교육할 수 없다고 누누이 강조하셨잖아요. 정말 그렇게 가네요."

"21세기 국가 경쟁력을 위해 당연한 조치죠!"

"그런데 정작 이사장님만 좋고 저희는 죽을 맛입니다."

"예? 그게 무슨 말씀이세요?"

"어떻게 가르치라는 건지 알 수가 없어요. 그동안 수학은 답이 딱 떨어지는 것으로 알고 가르쳐 왔는데, 얼마나 다양하게 가르쳐야 하는 거예요?"

이와 비슷한 다른 상황도 있었습니다.

"이사장님! 축하드립니다."

"아! 원장님, 웬일이세요?"

"오늘 뉴스 보셨어요? 이사장님 세상 왔네요! 축하합니다."

"서울시 교육청에서 발표한 서술형 문제 때문에 전화하셨구나?"

"예! 그런데 저 학원 어떻게 운영해야 할지 앞이 깜깜합니다."

"원장님은 또 왜 그러세요?"

"앞으로 답은 정해져 있지 않고 다양하게 접근하면서 창의적으로 풀어야 하는 문제가 나온다면 저희처럼 소규모 학원은 문 닫아야 해요!"

"도대체 왜요?"

"생각해 보세요. 다양하면서 창의적이려면 얼마나 많은 선생들이 있어야 겠어요. 그런데 그 능력을 가지고 있는 사람들이 월급 적게 주는 우리 같은 학원에 있으려고 하겠어요?"

부산 모 교육원 학부모 설명회 현장.

논술에 대한 말은 무성한데, 도대체 어떤 것이 옳은 논술이고, 어떻게 하는 것이 올바른 논술교육인지 궁금한 어머니들을 위한 설명회였습니다.

"우리나라의 논술은 빠른 결과를 얻기 위해서 대학을 앞장세운 논술로 시작되었기 때문에 지금 같은 잘못된 논술이 자리 잡게 된 것입니다. 역사는 짧고 대학이 주도하는 논술이 되다 보니 우리나라 논술은 당연히 입시논술로 전락할 수밖에 없었던 것입니다. 입시논술이 되면 필연적으로 일어날 수밖에 없는 문제점들이 발생합니다. 입시논술은 오로지 대학 진학이 목적이기 때문에 짧은 시간에 아이들을 대학에 합격시켜야 합니다. 그러다보니 암기하기 쉽게, 찍기 쉽게 객관식에 가까운 논술로 전락시키게 됩니다.”

“논술이 입시논술이 아니면 어떤 논술이어야 하나요?”

“이러한 한계를 극복하기 위해서는 삶의 논술이 되어야 합니다. 그러기 위해서는 꼭 거쳐야 하는 게 있는 데 그것이 과목논술입니다.”

“삶의 논술은 무엇이고, 과목논술은 무엇입니까?”

“입시논술의 한계를 완전히 뒤집는 일입니다. ‘삶의 논술’이 정착하려면 ‘대학이 주도하던 논술’에서 ‘교육부가 주도하는 논술’로 바뀌어야 합니다. 결과에 매달리는 입시논술은 사람의 삶을 변화시키지 못합니다. 인간의 내면의 변화보다는 합격이 우선이고 짧게 보기 때문입니다.

그러나 ‘삶의 논술’은 긴 시간이 필요합니다. 사람을 변화시켜야 하기 때문입니다. 교육부가 주도하는 ‘삶의 논술’은 어떤 사람을 육성하기 위한 장기적 플랜이냐가 가장 중요한 기준이 됩니다. 예를 들어, 아이가 밥을 먹을 때 이 음식은 어떤 영양가가 들어 있고, 어떤 과정을 통해 어떤 영양분이 몸에 공급된다는 것을 논리적으로 생각할 수 있는 사람을 육성하기 위한 것입니다. 또한 밥을 먹으면서 이 밥이 상에 오를 때까지 농부의 수많은 땀방울에 감사하고 자연이 준 혜택에 눈물을 흘리며 감성의 글줄을 써내려 갈 수 있는 아이를 육성하자는 것입니다.”

“과목논술은요?”

“이런 훌륭한 아이들을 육성하기 위해서는 숨쉬는 것조차 논술이어야 합니다. 그것이 ‘삶의 논술’이라면 반드시 거쳐야 하는 과정 중의 하나가 ‘과목 논술’입니다. 교육 현장에서부터 모든 과목이 논술화되어야, 이 음식은 어떻고 어떤 과정을 통하여 어떤 영양이 몸에 공급된다는 것을 생각할 수 있지 않겠습니까? 그러려면 국어가, 영어가, 수학이, 과학이, 모두 논술화되어야 아이들도 '논술식 발상'과 '논술식 접근'을 할 수 있게 될 것입니다. 그러기 때문에 '삶의 논술의 정착'을 위해서는 '과목논술'을 거치게 되는 것이지요. ”

"교수님 말대로라면 큰일이네요."

"왜요?"

"그러지 않아도 사교육비가 장난 아닌데, 거기에 국어다, 영어다, 수학이다, 과학이다, 각 과목별로 논술을 할 생각을 하니 앞이 다 캄캄합니다."

학교 선생님도 깜깜하고, 학원 원장님도 깜깜하고, 학부모님들도 깜깜한 서술식, 논술식 문제 유형…….

이렇게 되다보니 벌써부터 여기저기서 과목들이 논술이라는 이름을 붙여 다시 상업주의와 손을 잡으려고 합니다. 우리 소중한 아이들이 잘못된 어른들 흑심에 희생될까 두렵습니다.

서울시 교육청의 발표 후, 한 달 뒤 대형 서점에 들러보니 '논술문제집'들이 가장 좋은 자리를 차지하며 산처럼 쌓여있는 것이 아니겠습니까?

'아니 우리나라 출판사들이 그동안 이렇게 논술에 대하여 많은 관심을 갖고 준비해 왔었나?'

그런 생각이 잠시 스쳐지나가고, 저는 의구심이 들어 그 문제집을 펼쳐본 순간…… 수록된 문제들의 낯익음과 함께 강한 쇠망치에 머리를 맞은 것 같은 거대한 충격에 휩싸여야만 했습니다.

아니나 다를까 저의 걱정은 현실이 되고 말았습니다.

논술의 이름으로 사업주의가 아이들을 희생시키려고 곡학아세를 하고 있었습니다.

그 책들은 그 전 달까지 종합문제풀이집으로 내지는 종합수련장으로 팔던 책들이었는데, 문제의 번호만 지우고 그대로 주관식 문제인 척, 논술문제인 척 포장해서 팔고 있더라고요.

(나중에 서울대 김영정 교수가 '우리나라 논술의 정체는 통합논술이다.'라고 정의하면서 이 책들은 전부 통합논술문제집으로 제목을 바꿉니다.)

하지만 너무 걱정하지 마세요. 우리나라 최초로 삶의 논술과 과목논술을 주장했던 사람으로 말씀드립니다.

'과목논술'은 논리적인 능력을 키워서 과목별로 풀어낼 수 있는 힘을 길러달라는 것이지 과목마다 뒤에 논술을 붙여서 장사하라는 말이 아닙니다. 과목에 논술이라는 이름만 붙인다고 논술이 되는 것 역시 아닙니다.

다시 한 번 정리하면 '과목 논술'이란 논리적인 발상능력과 논리적인 표현능력을 키워서 각 과목에 그 논술능력을 표현으로 적용하고 극복하라는 말입니다. 우리 어른들은 아이들에게 논술능력 즉, 논술이 요구하는 발산능력만 길러주시면 됩니다.

결국 우리 아이가 논술을 위해 갖춰야 할 능력은 두 가지입니다. 서술식이니까 자기의 생각을 문장으로 표현하는 능력, 논술식이니까 논리성을 갖추어 표현하는 능력을 기르면 되는 것입니다.

그러니 선생님들, 그리고 학원장님들, 학부모님들. 너무 깜깜해 하지 마세요. 제발, 논술이라는 이름이 붙어 있다고 각 과목 가르치려고 생각하지 마세요. 제발 그런 거짓말하기 있기? 없기?

책을 좋아하는 힘을 어떻게 길러줄까

"나는 아마 이 세상에서 제일 행복한 아버지일 거야!"

웃음 가득, 기쁨 가득한 얼굴로 평소에 얼굴을 알고 지내던 선생님 한 분이 저에게 던진 한 마디입니다.

"뭐 좋은 일 있습니까? 정말 얼굴에 행복이 가득하세요."

"그렇죠? 그렇게 보이죠? 세상에 나보다 더 행복한 사람은 없을 겁니다." 선생님은 저에게 흰 쪽지를 하나 내밀었습니다. 중학교 2학년 딸이 줬다는 그 쪽지에는 다음과 같은 글이 적혀 있었습니다.

쪽지의 마무리에는 '아빠! 사랑해요'에 하트 마크가 덧붙어 있었습니다. 저도 정말 부러울 따름이었지요.

이 세상에 이런 아름다운 편지를, 기쁨의 편지를 받을 수 있는 부모가 몇이 나 될까요? 그 쪽지는 그 후로도 오랫동안 나에게 긴 여운으로 남아 있었습 니다.

이 쪽지 편지가 나에게 긴 여운을 남긴 것은 아이가 평소에 자기가 읽고 싶 은 책을 항상 생각할 수 있는 힘을 가졌기 때문입니다.

우리 부모들이 독서를 강조하고, 책읽기 습관을 길러주기 위해 노력하는 이유가 뭡니까? 그건 바로 아이 스스로가 책을 사랑하는 힘, 책을 좋아하는 힘을 길러주기 위한 것일 겁니다.

그런데 왜 그 힘이 길러지기가 그렇게 어려운 걸까요?

이런 아름다운 쪽지 편지를 받기가 왜 그렇게 어려운 걸까요?

여기에도 우리 어른들의 실수가 숨어 있습니다.

교육부에서 독서 메뉴얼을 강화하고 독서 평가를 내신에 반영하겠다고 했 더니 일선 교육청에서는 권장도서목록을 부랴부랴 내놓고, 일선 학교에서는 필독도서목록을 부랴부랴 발표하는 등 또 다시 사회가 소란스러워질 조짐을 보이고 있습니다.

'권장'. 권장이란 '적당하다고 생각하는 표준 제시'라는 뜻을 가지고 있습니 다. 여기서 제가 궁금한 건 누가 적당하다고 생각하고, 누가 표준으로 제시 하느냐는 것입니다. 아이들에게 '이 책이 좋은 거니까 선택해서 읽어라. 저 책은 나쁜 거니까 읽지 말고 버려라.'라고 누군가의 판단과 선택을 강요하자 는 말입니까?

정말 그러면 그 속에서 아이가 주체로 대접 받을 수 있는 것입니까? 아니 주체로 바로 세울 수 있는 환경입니까? 정말 그러면 책을 읽고 싶다는 행복한 생각이 생긴다는 말입니까?

나는 이 대목에서 또 다시 바삐 가려 하다 보니 탁상공론에 빠지고, 과거의 행태를 복사해 오는 복지부동한 우리 어른들의 모습을 발견하게 됩니다.

왜 그렇게 우리 아이들을 못 믿는 겁니까?

교육부 정책이 기껏 책 몇 권 더 읽히기입니까? 아니면 책 읽는 힘 기르기입니까?

여기저기서 우리 아이는 1년에 책을 200권을 읽었네, 300권을 읽었네 하면서 흡족한 표정으로 이야기 하는 부모들을 자주 봅니다.

많이 읽었다고 '책읽는 힘'이 길러지는 것이 아닙니다. 이 힘을 기르기 위해서는 민주적 절차에 따라 장기적인 계획을 가지고 접근해야만 가능합니다.

제일 먼저 책을 좋아하는 힘이 생겨야 합니다. 책을 읽고 싶다는 욕구가 끝없이 분출되지 않고는 이 힘은 얻을 수 없습니다.

책을 좋아하는 힘은 아이가 주체가 되어야만 가능합니다. 자기가 책을 고를 수 있는 권리, 책을 고르는 일이 자기 일 중에서 가장 칭찬받는 일이 될 때 비로소 아이는 책과 가까워지고 책을 좋아하게 됩니다. 그리고 마침내 우리 부모들은 세상에서 두 번 다시없는 쪽지 편지를 받을 수 있는 것입니다.

이제 더 이상 아이들의 손에서 책을 빼앗는 행위는 하지 맙시다.

권장 도서라는 이름으로 아이들의 손에서 책을 빼앗지 맙시다.

아이들의 손에서 책을 빼앗으면 그 아이의 손에는 폭력이라는 몽둥이가 쥐어집니다.

학교 폭력, 왕따현상……

모두 아이들의 손에서 책을 빼앗았기에 일어난 현상들입니다.

논술의 다른 이름 ① : 미래지도자 육성교육

많은 학부모가 면담을 하면서 물어오는 질문 중 하나가 "우리 아이가 토론·논술을 잘 하기 위해서는 어떻게 해야 합니까?"라는 것입니다.

어떻게 하면 우리 아이가 토론·논술을 정말 잘 할 수 있을까요?

"자신의 이름을 가지고 멋지게 홍보해 보시오."

위의 내용은 서울에 있는 모 대학교의 구술면접 시험에서 나온 질문입니다. 우리 아이에게 이런 질문을 던진다면 과연 뭐라고 대답할까요?

제가 수많은 고3 학생들을 가르치면서 실제 이 질문을 던져보면 아래와 같은 답이 가장 많이 나옵니다.

"○○자에 ○○자로 ○○같은 삶을 살라고 부모님이 지어주신 이름입니다."

이름 석 자의 한문 풀이로 상황을 넘기는 경우가 많다는 것입니다. 시험출제자가 궁금한 것이 과연 그 사람의 한자 이름의 뜻이었을까요?

이 질문의 핵심은 얼핏 '자기 이름을 멋지게 이야기 하는 표현 능력, 또는 순간 문제해결능력'을 측정하는 것으로 보이기 쉽습니다. 그러나 실제 깊이 있게 들어가 보면 자기 이름을 가지고 남에게 홍보할 수 있다는 것은 평소 자기 이름을 소중히 여기고 있지 않으면 불가능한 것이요, 그러려면 평소 자기를 사랑하고 있지 않으면 불가능한 것입니다. 또 자신을 사랑하기 위해선 다른 사람으로부터 자신이 사랑받고 있지 않으면 불가능한 일입니다.

즉, 오랜 시간 자기가 사랑받고 자기를 사랑하지 않으면 제대로 대답을 하기가 힘들다는 것입니다.

이렇게 접근해 볼 때 이 질문의 핵심은 평소에 자기 자신을 얼마나 소중하게 생각하고 반성하고 되돌아보았는가 하는 것입니다. 즉, '얼마나 오랜 시간 자기를 사랑하고 있었는가.'를 측정하는 질문인 것입니다.

왜 대학에서는 학생들에게 이런 질문을 던지는 걸까요? 그건 대학이 미래 지도자로 성장할 학생을 뽑기 위해서입니다. 그렇다면 대학에서는 어떤 인물을 원할까요? 바로 자기 대학을 빛내줄 학생을 원할 겁니다. 대학의 명예를 드높일 수 있는 역량 있는 학생 말입니다.

그럴 성장 가능성이 많이 잠재되어 있는 학생을 찾기 위해서 토론논술, 구술면접시험을 치루는 것입니다. 그것이 제가 토론논술, 구술면접시험은 '미래의 지도자로 성장할 학생을 뽑기 위한 시험 과정이다.'라고 이야기하는 이유입니다.

다시 질문으로 돌아가보겠습니다. 대학은 어떤 기준으로 토론논술, 구술면접시험을 보는 걸까요? 바로 도덕윤리성, 공동체성, 창의성, 문제 해결능력, 전공 적성 등등입니다.

그런데 이 기준들을 가만히 들여다보세요. 이 기준들을 들여다보면 대학이 '미래의 지도자로 성장할 학생'들을 뽑고 있다는 것이 너무나도 확연해집니다. 생각해 보십시오! 앞에 제시된 기준들을 제대로 갖춘 사람이 있다면, 어느 누가 신뢰하지 않겠습니까. 어느 누가 따르지 않겠습니까.

누구에게나 신뢰와 존경을 받을 수 있는 학생을 '지도자'라고 불러야 마땅한 것 아닐까요? 그러니 대학은 '지도자의 품성을 갖고 있는 올바른 생각의 소유자를 찾으려고 토론논술, 구술면접시험을 치루는 것이다.'라고 하더라도 틀린 말이 아니라는 것입니다.

다음은 앞의 내용을 바탕으로 한 부모님과의 대화 내용입니다.

“우리 아이가 토론논술을 잘 하기 위해서는 어떻게 해야 합니까?”

“아이가 토론논술을 잘 하게 하려면 자기를 사랑할 수 있는 힘을 길러 주어야 합니다.”

“그럼, 자기를 사랑하는 힘을 길러 주는 일이 토론논술을 잘 하는 출발점이란 말씀이세요?”

“네! 그렇습니다. 다시 말하면 ‘토론논술교육은 지도자 육성교육이다.’라고 정리할 수 있습니다. 즉, 토론논술교육의 총화는 ‘올바른 생각을 훌륭하게 실천하는 지도자 육성’에 있습니다. 그러니까 ‘토론논술의 출발점’은 바로 ‘우리가 믿고 따를 수 있는 지도자 육성의 출발점’과 일치하는 것이죠.”

“토론논술의 출발점은 지도자 육성의 출발점?”

“네! 정확히 일치합니다.”

“그러면 훌륭한 지도자는 어떻게 육성될 수 있을까요?”

“자기를 사랑하는 힘이 충분히 길러질 때 가능합니다. 그러나 불행하게도 우리나라 학생들은 이 힘을 기르기가 참 어렵습니다.”

“그건 또 왜 그런 거죠?”

“우리나라 학생들은 자기를 되돌아보고, 자기 자신을 사랑할 수 있는 시간과 기회가 없기 때문에 그렇다는 겁니다. 생각해 보세요. 우리나라 학생들 대부분이 보충수업이다 뭐다 해서 밤늦도록 학교 공부를 해야 하고, 시험이다 뭐다 해서 주말에도 학원을 나가야 합니다. 이런 환경에서 자기를 되돌아볼 수 있는 시간이 있을까요. 거기에 사회는 성적 위주와 결과 위주고 그것이 평가 중심체계다 보니 학생들은 자기를 사랑할 수 있는 시간 자체를 가질 수 없게 되는 것이죠.”

“그러면 어떤 현상이 생기게 되나요?”

"자기를 사랑하지 않는 학생이 주변을 사랑할 수 없는 것은 당연한 일입니다. 자기를 사랑하지 않는 아이가 다른 사람을 사랑할 수 없는 노릇이고요. 다른 사람을 사랑하지 않는 사람이 인류를 사랑할 수 없는 것 아니겠습니까? 인류를 사랑하지 않는 사람이 지도자가 될 수 없는 것은 너무나 당연한 이치고요. 그렇게 되면 결국 훌륭한 지도자를 육성할 수 없게 되는 것입니다."

이야기를 정리해 봅시다. 토론논술교육의 총화는 '올바른 생각을 훌륭하게 실천하는 지도자 육성'에 있다고 했습니다. 그러기 때문에 토론논술의 출발점은 바로 우리가 믿고 따를 수 있는 지도자 육성의 출발점과 일치한다고 했습니다.

그러면 이제 제 질문에 답을 해 보세요.

첫째, 토론논술의 출발점이 되는 '지도자'는 어떤 사람일까요? 맞아요. 세상을 바르게 보고 남을 사랑할 줄 아는 힘을 가진 사람입니다.

둘째, 남을 사랑할 줄 아는 힘을 가진 사람이 되려면? 남을 사랑하려면 자기를 사랑해야 합니다. 자기를 사랑하지 않으면 남을 사랑하는 일은 불가능합니다.

자, 이제 아시겠죠? 토론논술을 잘하기 위해서는 결국 '자기를 사랑할 수 있는 힘을 길러야 한다.'가 되는 것입니다.

논술의 다른 이름 ② : 발산능력 극대화 교육

독서교육과 논술교육의 차이점

충남 서산에 초대되어 갔을 때 일입니다. 유치원생에서부터 고등학생까지 차례로 자기들 수준에 맞추어 영어로 연극을 하고 있었습니다. 수많은 사람들이 모인 큰 강당에서 서툰 몸짓으로, 서툰 발음으로 열심히 연극을 하고 있었습니다.

총 네 시간 정도 진행되더군요. 나는 연극을 재미있게 관람하면서 이런 생각을 했습니다.

'저 위에서 연극하는 아이들과 밑에 앉아서 연극을 보는 아이의 차이는 무엇일까?'

'나중에 삶에서 어떤 차이로 나타날까?'

여기서 영어 연극을 한 아이와 안 한 아이 앞에 미국인이 나타났다고 가정해 봅시다. 과연 어떤 아이가 미국인 앞에 나설 수 있을까요? 아마 영어 연극을 한 아이일 겁니다.

제가 상상만으로도 이런 결론을 내릴 수 있는 이유는 무엇일까요?

우리는 아이들이 짧은 시간의 연극 공연을 위해서 얼마나 많은 시간을 연습했는지 알기 때문입니다. 또한 남 앞에 서는 것이 얼마나 어려운 일인지, 더구나 영어로 입을 연다는 것이 얼마나 두려운 일인지 알기 때문입니다.

연극 무대에 선 친구들은 영어에 대한 수렴능력(속으로 받아들이는 능력)이 아니라 발산능력(겉으로 드러내는 능력)을 경험했다는 것을 알기 때문에 우리 모두가 '나설 수 있다는 것'을 인정할 수 있는 것입니다.

독서와 논술의 관계도 똑같습니다. 독서는 수렴능력 강화 교육이고 논술은 발산능력 극대화 교육이라고 볼 수 있거든요.

독서를 안 한 학생이 논술을 잘 할 수는 없습니다. 그렇다고 독서를 많이 한 학생만이 논술을 잘 하는 것은 아닙니다. 독서와 논술은 한 선상에서 균형 있게 만나야 합니다. 독서와 논술이 한 선상에 서는 것은 철저한 준비 과정과 충분한 경험의 축적이 쌓여 있을 때에 비로소 가능합니다.

무슨 이야긴가 하면 논술의 출발은 반드시 독서여야 한다는 겁니다. 왜냐하면 채워야 하기 때문입니다. 발산하려고 해도 발산할 내용이 없다면 발산이 불가능하기 때문입니다.

그러나 여기서 정확히 짚고 넘어가야 할 점은 책의 양이 논술능력을 결정하는 것이 아니라 논술능력으로 질적 변환을 시켜야만 논술을 잘 할 수 있다는 것입니다.

이러고 보면 논술은 미래지도자 육성 교육이라 했으니 독서는 미래지도자 육성의 출발점이 되는 셈이고, 토론은 미래지도자 육성 교육의 결정체가 되겠지요.

독서는 모든 교육의 α일 뿐 Ω는 아니다

어떤 학부모님들이 대화를 나누는 내용을 들었습니다.

한 엄마가 "성적이 좋은 학생이 토론과 논술도 잘 하는 거 맞죠!" 하고 이야기를 꺼냈습니다. 그랬더니 옆에 있던 다른 엄마가 "우리 아이는 어릴 때부터 책을 달고 살았어요. 커서 토론과 논술을 잘 하겠죠!" 하는 것이 아니겠습니까?

그런 질문에 대해서 제 답변은 딱 하나입니다.

"그럴 가능성은 있죠! 그러나 확답을 드릴 수 없습니다."

보통 우리는 성적이 좋은 학생이나 독서를 많이 한 학생이 토론과 논술을 잘 할 것처럼 생각합니다. 그래서 성적이 우수한 학생의 부모는 '우리 아이는 토론과 논술을 잘 할 거야!' 하고 쉽게 넘어가고, 주변에서도 고개를 끄떡입니다. 하물며 이런 표현까지 서슴지 않고 합니다.

"뭘 벌써 토론과 논술을 가르쳐? 독서만 많이 시키면 되지!"

정말 그럴까요?

성적이 우수한 학생들의 토론논술, 구술면접을 가르치다 보면 상상 외의 일들이 많이 일어납니다. 오히려 성적이 보통인 학생들이 자기 생각을 훨씬 잘 표현하고, 성적 좋은 학생들이 자기의 생각을 제대로 표현하지 못하는 경우가 태반입니다.

그럼, 성적 좋은 학생은 어릴 때 책을 많이 안 읽었다는 말일까요? 그렇지는 않을 겁니다. 아마 다른 아이들보다 많은 책을 읽었겠죠. 성적 좋은 학생들의 부모님들이 어디 보통 분들인가요.

그런데 왜 이런 문제가 발생하는 걸까요?

단적으로 이야기하면 성적은 좋고, 책은 많이 읽었지만 겉으로 표현하는 방법을 배우지는 못했기 때문입니다. 또한 성적이 좋으면 모든 것을 다 잘 할 수 있다고 오판하고 논술과 토론에 필요한 능력을 강화시켜 주지 않았기 때문입니다.

토론과 논술은 '발산능력'이 필요한 교육입니다. '철저한 훈련과 충분한 경험의 축적'을 통해 '발산능력'을 극대화시켜 놓지 않으면 쉽게 풀어 낼 수 없습니다.

그러나 독서는 '수렴능력'을 강화하는 교육입니다. 거기에 성적 좋은 학생들은 암기와 찍기에 잘 훈련되어 있었기 때문에 전혀 다른 능력을 요구하는 토론과 논술, 구술면접에서 어려움을 겪게 되었던 것이죠.

이제 다시 전체 내용을 정리해보면 학교성적 또는 독서의 양을 토론논술능력과 연결하여 판단할 문제가 아니라는 겁니다.
그럼, 왜 이런 잘못된 분석이 나온 걸까요?
그동안 우리 사회는 독서와 토론논술의 엄청난 차이를 찾아내거나 이해하지 못하고 동일선상에 놓고 판단했기 때문에, 또는 쌍생아 정도로 이해했기 때문에 빚어진 실수입니다. 아무리 쌍생아라도 완벽하게 똑같을 순 없다는 것 잘 아시죠!

다시 한 번 주장하건데 독서를 많이 했다고 말을 잘하고 글을 잘 쓸 수는 없습니다. 다만 그럴 가능성이 높을 뿐이라는 걸 잊지 마시기 바랍니다.

논술의 다른 이름 ③ : 바탕교육

아성(亞聖:성인에 버금가는 사람) 맹자의 성질은 본시 '좁쌀 같았다.'고 합니다. 그런 맹자가 역사 속에 빛나는 아성으로 변화할 수 있었던 힘은 무엇일까요? 소견 좁은 성품을 고쳐서 훌륭한 인격으로 변화시키는 힘, 그것은 바로 교육의 힘이 아니고는 불가능할 것입니다.

교육이란 '좁쌀 같은 인간을 시대가 흘러도 별처럼 빛나는 아성으로, 존경받는 인물로 변화시키는 위대한 작업'이라 정의할 수 있을 것입니다.

논술을 제법 오래 가르치다 보니 많은 사람들이 토론 때문에 찾아옵니다.

어느 날 시를 쓰신다는 분이 찾아와 식사를 하게 되었는데, 갑자기 논술에 대해 이것저것 묻기 시작했습니다.

"논술은 기초교육이죠?"

"왜 기초교육이라고 생각하시나요?"

"논술을 하면 공부를 잘 하게 되니까요."

"논술은 기초교육이 아니라 바탕교육입니다."

"왜 바탕교육이죠?"

"논술은 성적을 올리기 위한 수단교육, 기능교육 또는 기초교육이 아니라 '올바른 세계관을 정립시키고 훌륭하게 실천하는 지도자를 육성하는 교육'이기 때문에 '바탕교육'입니다. 성적 올리기가 목적이 되는 것이 아니라 올바른 세계관 정립이 더 중요한 요소가 되는 교육이지요."

"다른 사람들은 성적 올리는 기초교육이라던데……."

"물론 책 읽고 글을 쓰고 토론을 하다보니 자연스럽게 똑똑해지고 성적이 좋아질 수는 있어요. 그러나 성적을 올리기 위해 논술을 한다는 것은 논술을 기능교육으로 전락시키는 행위고, 주객이 전도되는 일이죠. 왜냐하면 논술은 보다 근본적이고 거대한 작업, 즉 인간 변화에 목적을 두기 때문입니다."

"논술의 목적이 원래 그렇게 거창한가요?"

"인류 역사 이래 말과 글을 잘 다루는 능력은 지도자가 갖춰야 할 기본요소입니다. 돌이켜보면 역사를 이끌어온 지도자는 모두가 말과 글을 잘 사용했습니다. 더 나아가 자신의 생각을 제대로 표현하는 능력이 없는 사람이 단 한 번도 지도자가 된 적이 없습니다. 그래서 논술의 또 다른 이름은 '미래 지도자 영재 육성 교육'이 되는 것입니다. 다만 헷갈리지 말아야 할 점은 있습니다."

"그게 뭔가요?"

"이 세상에는 말과 글을 잘 사용하는 사람이 두 부류가 있거든요. 하나는 앞에서 지적한 것처럼 지도자이고, 하나는 사기꾼입니다."

"무엇 때문에 하나는 지도자로, 하나는 사기꾼으로 분류되는 것입니까? 생각 차이일까요?"

"예! 맞습니다. 올바른 세계관을 가지고 있느냐 없느냐에 따라 다를 것입니다. 그래서 논술의 다른 이름은 올바른 세계관을 일구는 '바탕교육'이 되는 것입니다. 성적을 올리는 기초교육, 책을 빨리 읽는 기능교육이 될 수 없는 이유가 바로 여기에 있는 것이고요."

"그럼, 논술을 한 마디로 정의한다면 뭐라고 하면 좋을까요?"

"저는 논술이란 '창의성과 논리성을 체득화하는 전체 교육과정'이라고 정의하고 싶습니다."

이 대화는 논술에 대한 평소 생각을 정리할 수 있었던 대화였습니다.

논술의 다른 이름 ④ : 주관식 교육

"교수님! 교수님 수업 듣다 보면 '문장식 국어'란 말을 많이 하시는데, '문장식 국어'가 뭔가요?"

"간단하게 표현해서 '객관식 문제'인데 '문장으로 풀어서 주관식처럼 보이게 한 문제'를 말합니다. 그러니까 본질적으로 객관식 문제를 말합니다."

"'문장을 풀어 주관식처럼 보이게 한 문제요? 문장으로 되어 있으면 주관식이 아닌가요?"

"바로 그게 문젭니다. 그렇게 주관식처럼 보이니까 많은 사람들이 속는 겁니다. 얼핏 보면 주관식처럼 보이니까요! 그러나 분명한 건, 그 근본이 '객관식'이기 때문에 절대로 '주관식'이 될 수 없다는 겁니다. 자! 우리 생각해 봅시다. 바위에 눈이 쌓였다고 해서 그 바위를 눈덩이라고 부르지는 않지요? 그래서 제가 객관식이면서 주관식처럼 포장한 문제들을 '문장식 국어'라고 부르는 것입니다."

"객관식과 주관식의 차이가 그렇게 큰가요? 교수님이 항상 '객관식' 또는 '객관식을 문장으로 풀어놓은 것'과 '주관식'을 명확하게 구분하시는 걸 보면 차이가 큰 것 같아요."

"맞습니다. '객관식'이나 제가 정의한 '문장식 국어'는 '주관식'과 굉장한 차이가 있어요. '문장식 국어'를 주관식인 것처럼 포장하는 행위는 시대의 요구에 완전히 역행하는 일입니다."

"그렇게 위험한 건가요?"

"네! 그렇습니다. 21세기의 화두이자, 경쟁력은 '창의성'입니다. 그런데 이 창의성은 '주관식 수업'과 '주관식 문제'만이 길러줄 수 있지요. 그런데도 '객관식’ 또는 ‘문장식 국어’로 계속 교육을 한다는 것은 결과적으로 21세기에 필요한 경쟁력을 떨어뜨리는 일이 되는 것입니다.”

“객관식으로는 창의성을 키울 수 없나요?”

“없습니다. 왜냐하면 ‘객관식’은 정해진 답을 찾는 훈련이기 때문에 틀에 짜여진 사고만 발달하게 됩니다. ‘정해진 답에 누가 빨리 도달하느냐’가 관건이기 때문이죠.”

“그런데 왜 객관식에 뿌리를 두고 있는 문장식 국어 같은 것이 주관식 교육인 논술로 행세하게 된 걸까요?”

“주관식에 대한 정확한 이해가 없는 상황에서 주관식을 중심으로 한 새로운 시장이 열리게 되니 너도나도 달려든 것이죠. 왜 주관식 시대가 도래했는지 그 근본은 모르겠고, 알 필요도 없고……. 그러니 앞에 써 먹던 객관식을 답만 지우고 문장으로 풀어내서 논술이라고 포장하게 된 거예요. 또한 학부모들도 논술세대가 아닌 객관식 시대 사람들이다보니 논술의 정확한 모양을 알지 못해 일어난 일이지요.”

수업시간의 대화 내용처럼 21세기는 창의력의 시대이며 주관식의 시대입니다. 그렇다면 이번엔 ‘문장식 국어’와 ‘창의력 문제’의 차이점을 살펴보겠습니다.

똑같은 이슬을 먹더라도 벌이 먹으면 꿀이 되고, 뱀이 먹으면 독이 되듯이 똑같은 지문이라도 어떤 패러다임을 가지고 어떻게 물어보느냐에 따라서 ‘객관식’ 또는 ‘문장식 국어’가 될 수밖에 없거나 그것을 뛰어 넘어서 ‘창의력 문제’가 만들어질 수도 있습니다.

구체적인 예로 들어가기 전에 ‘문장식 국어’의 정의를 다시 한 번 내려 보겠습니다. 문장식 국어란 '주관식인 듯 보이지만 답이 정해진 것, 교사용 지도서에 답이 정해져 있는 것'을 말합니다. 좀 더 구체적으로 풀이하면 다음의 내용을 포함하는 것입니다.

① 답이 정확하게 정해질 수밖에 없는 문제
② 교사용 지도서에 답이 있어서 다른 표현을 하면 틀린 결과로 이어지는 문제
③ 읽은 내용을 제공하고 읽은 내용을 확인함으로써 답이 정확하게 떨어지는 문제
④ 성적 올리기에 연연하는 국어 아니 국어 문제로 아이들의 논술능력을 저해하고 흥미를 잃게 하는 문제 등을 포함한다.

이제 구체적인 지문과 문제를 통해 차이점을 살펴보겠습니다.

집으로 돌아오면서 정수는 삼촌과 많은 이야기를 나누었습니다. 이 세상에서 가장 말이 잘 통하는 삼촌과 이야기를 나누니까 저절로 힘이 나는 것 같았습니다. 삼촌은 특히 들꽃들이 살아가는 것에 대해 이야기 해주었습니다.

"들꽃은 흔한 것 같지만 그냥 피는 게 아니란다. 거친 비바람과 가뭄을 견디고 병충해로부터도 언제나 꿋꿋하지. 이 세상 천지에 널린 들꽃들은 모두 어려운 환경을 이겨내고 꽃을 피우는 거야. 사람들이 그저 흔해 빠진 잡초라고 부르는 것들조차 굳건하게 땅을 움켜쥐고 살아가지. 들꽃들은 환경조건이 나쁘면 나쁠수록 더 뿌리를 깊게 내린단다. 어려움을 이겨내고 핀 들꽃의 정신을 항상 기억하렴."

◪ 객관식 문제의 예

질문) 삼촌은 왜 정수에게 들꽃 이야기를 해 주었습니까?

　① 자신감을 심어주기 위해서

　② 들꽃을 사랑하라고

　③ 들꽃이 자라는 환경이 나쁘다는 것을 알려주려고

　④ 들꽃과 잡초는 같은 뜻이라는 것을 설명하느라고

◪ 문장식 국어 문제의 예 ①

질문) 삼촌은 왜 정수에게 들꽃 이야기를 해주었습니까?

　〈답〉 자신감을 심어주기 위해

◪ 문장식 국어 문제의 예 ②

질문) 삼촌은 들꽃이 어떤 특성을 가지고 있다고 했습니까?

　〈답〉 ①거친 비바람과 가뭄을 견딘다. ②병충해로부터 꿋꿋하다.

　처음에 나오는 문제는 사지선다형이 눈에 보이기 때문에 정확히 객관식이라는 것을 알 수 있습니다. 그러나 두 번째 나오는 문장식 국어 문제 ①은 번호를 지우고 주관식인 것처럼 포장을 함으로써 사람들에게 주관식 교육인 '논술'로 착각하게 한다는 것입니다. 문장식 국어 문제 ②는 지문의 내용을 정확히 알고 있는가를 확인하는 수준에 머물러 있어 답이 정확하게 나올 수밖에 없습니다.

　즉, 문장식 국어 문제 ①, ②는 답을 제공함으로써 아이가 다른 생각을 가지고 있으면 틀릴 수밖에 없는 문제 유형이라는 것입니다.

여기서 제가 가장 강조하고 싶은 것은 '객관식'은 문장으로 풀어져 있어도 그 뿌리가 객관식이기 때문에 답이 정해져 있고, 틀에 짜여진 답으로 정확히 회귀할 수밖에 없다는 사실입니다.

그러면 이런 한계를 넘어 아이의 창의적 생각이 보장되는 진정한 창의력 논술(주관식) 문제는 무엇일까요?

■ 창의력 논술(주관식) 문제 ①
질문) 위의 지문을 읽고 들풀이 주는 이미지를 동시 또는 동화로 나타내 봅시다.

■ 창의력 논술(주관식) 문제 ②
질문) 배울 수 있는 교훈을 생각나는 대로 자유롭게 쓰시오.

창의력 논술(주관식)문제가 되기 위해서는 위의 문제처럼 아이들의 생각이 자유롭게 드러날 수 있도록 배려되어 있어야 하고, 강사용 답을 제공하지 않음으로써 언제나 아이의 답이 정답이 되어야 합니다. 아이들의 생각이 정답이 되다보면 아이들이 항상 칭찬받을 수 있어 자신감으로 연결될 테니 이 또한 좋은 일 아니겠습니까!

우리, 가슴에 손 얹고 생각해 봅시다. 아이의 생각이 한 줄이던 두 줄이던 그게 무슨 큰 문제입니까? 많이 썼으면 좋겠다는 건 부모의 욕심일 뿐입니다. 아이가 겁내지 않고 자신의 생각을 펼치는 것이 더 중요한 일입니다.

주관식 논술교육, 너무 어렵게 생각하지 맙시다! 객관식 교육의 반대인 주관식 교육은 객관식이 행해 왔던 교육의 정반대에 위치하고 있다는 것만 인정하시면 됩니다. 잊지 마십시오!

어떤 논술선생님이 좋은 선생님인가

제가 추천하는 논술선생님은 '샌드위치 같은 논술'을 만들 줄 아는 사람입니다. 샌드위치는 보기에도 좋고, 먹기에도 좋고, 영양도 고르게 섭취할 수 있게 만들 수 있는 음식입니다. 바로 이런 음식을 만들어 아이들에게 줄 수 있는 논술선생님이 좋은 선생님입니다.

무슨 이야기냐고요?

아이들은 '글쓰기'라고 하면 힘들다고 생각하고 쉽게 싫증냅니다. 그렇기 때문에 게임처럼 재미있고 흥미를 갖도록 하는 것과 흥미를 유지시키는 것이 절대적으로 필요합니다. 그러나 논술선생님은 논술을 단순히 게임 수준의 즐거움만이 아니라 이를 꾸준히 표현의 기쁨으로 이끌 수 있어야 합니다. 그래서 목표가 분명한 교육을 실시할 수 있는 능력이 있을 때 좋은 논술선생님이라고 부를 수 있을 겁니다.

그런데 왜 '샌드위치' 이야기를 했냐고요?

'샌드위치'는 포커놀이를 좋아해서 음식을 잘 먹지 않는 샌드위치 백작을 위해 백작에게 고용된 주방장이 만들어낸 음식입니다. 주방장은 왜 이런 음식을 만들었을까요? 샌드위치 백작이 음식을 먹지 않아 건강을 잃으면 그 책임을 몽땅 끌어안아야 하는 사람이었기 때문입니다. 백작이 음식을 먹지 않자 아마 주방장은 상당한 위기의식에 빠졌을 겁니다. 끝없이 고민하고 목숨과 바꿀 무엇인가를 창출해내지 않으면 안 되었을 겁니다.

제가 중요하게 생각하는 것은 바로 이 절박한 상황에서 '없는 것을 만들어내는 창조성'입니다.

논술선생님은 바로 이런 자세를 갖고 있지 않으면 아이가 맞닥뜨리고 있는 문제들을 제대로 풀어 줄 수 없습니다.

어떤 논술 선배가 저에게 이렇게 이야기 하더군요. "논술은 아이를 책임지는 것"이라고요. 저도 이 말에 100% 동의합니다.

한 아이 한 아이를 생각하며 만들어낸 창조적인 교육 프로그램일 때 비로소 아이를 책임지는 것 아니겠습니까?

'아이를 책임지는 논술', '샌드위치 같은 논술'을 해내는 선생님이 좋은 논술선생님입니다.

논술해부도를 만들어야 우리 아이들이 산다

NIE를 하시는 분을 만나면 NIE가 논술의 알파이자 오메가라고 말하는 경우가 많고, MIND MAP을 하시는 분들을 만나면 MIND MAP이 논술의 알파이자 오메가라고 말하는 경우가 많습니다.

"논술을 잘하려면 어휘력이 뛰어나야 해!" 하시는 분이 있는가 하면 "개요 짜기만 할 줄 알면 논술은 끝난 거 아니야?" 하시는 분도 있습니다.

세상에 만병통치약이 있을 수 있을까요? 전 세상에 만병통치약이 있다고 생각하는 것 자체가 위험한 발상이라고 생각합니다. 대신 세상에는 만병통치약은 없지만 어느 한 부분에 잘 듣는 특효약은 있습니다. 코에 잘 듣는 약, 눈에 잘 듣는 약이 있기 마련인 것이죠!

논술도 마찬가지입니다. 단 한방에 논술을 끝낼 수 있는 만병통치약은 없지만, 단계 단계에 잘 듣는 특효약은 존재합니다. 지혜의 칼이 빛나기 위해서는 끝없이 벼리고 거듭 태어나야 한다고 생각합니다.

지금까지 우리나라 논술은 대학이 주도하는 입시논술로 시작되었기 때문에 많은 문제점이 발생했습니다. 거기에 역사 또한 짧다보니 수준이 미천한 것도 사실입니다. 그러다 보니 장님 코끼리 만지기 식으로 논술을 접근했고 누구 하나 나서서 총론과 각론을 정리하지 못했습니다.

이러한 상황이 지속되면서 우리 아이들은 보이지 않는 폭력에 시달렸고, 시름시름 앓아눕거나, 아프다고 고통을 호소하는데도 어떤 처방을 내리지 못한 채 대책 없는 시간을 흘려보냈습니다.

제가 주장하는 교육은 아이가 행복한 교육, 어른이 만족하는 교육, 마침내 모두가 성공하는 교육입니다. 우리 아이들에게 행복한 교육은 우리 아이가 가장 빛나는 자리에 놓일 수 있도록 도와줄 때 가능해집니다.

그러기에 저는 논술선생님들께 논술해부도를 만들 것을 촉구합니다.
아이가 아픈 부분을 정확하게 진단할 수 있도록 논술해부도를 지금 즉시 만들어야 합니다. 그리고 어떻게 진단하는 것이 정확하게 진단하는 것인지 끝없이 토론하고 연구해야 합니다. 더 나아가 나타난 문제들을 치료할 수 있는 특효약을 단계단계 많이 많이 만들어 내야 우리 아이들이 행복한 논술을 할 수 있습니다.

논술해부도란 논술의 실체를 머리서부터 발끝까지 온전하게 그려냄으로써, 모든 요소가 드러나고 그 요소들이 유기적으로 결합할 수 있도록 뼈의 위치와 혈관의 흐름도를 상세히 그려내는 작업을 말합니다.
논술해부도는 두 가지 측면에서 만들어집니다.
첫째, 글까지 발전하는 방법을 부분별로 나누어 접근할 수 있도록 만들어야 한다는 것, 둘째, 글을 이루는 요소들로 나누어 접근할 수 있도록 만들어야 한다는 겁니다. 논술해부도에 대한 구체적인 방법과 예시는 2부에서 구체적으로 설명하도록 하겠습니다.

주관식(논술토론) 평가는 이렇게 하라

　많은 분들이 주관식(논술토론) 문제 유형은 무엇이고, 주관식(논술토론) 답을 어떻게 점수로 측정하느냐고 물어옵니다. 과거 19세기 교육을 받아 온 우리 부모 세대로서는 참으로 갑갑하지 않을 수가 없습니다.

　오늘, 그 질문에 대해 짧지만 쉽고 시원하게 풀어보도록 합시다.

　아이들에게 '산토끼의 반대말은 무엇인가?'라는 질문을 던졌습니다.

　어떤 아이는 "집토끼요."

　어떤 아이는 "끼토산이요."

　어떤 아이는 "죽은 토끼요."

　어떤 아이는 "판 토끼요."

　어떤 아이는 "알카리성 토끼요."라고 대답을 했다고 생각해 봅시다.

　"산토끼♪ 토끼야♪"를 불렀던 사람들은 보통 별 고민없이 "집토끼요!" 하고 답했을 겁니다. 그러나 이 글을 읽으면 '어! 산토끼의 반대가 이렇게 많았네!' 하고 새삼 놀라시는 분도 있을 겁니다.

　이렇듯 문제 하나에 여러 가지 답이 있거나, 굳이 정해진 답이 없는 것이 지금 시대가 요구하는 주관식(논술토론) 문제 유형입니다.

　그러면 이런 문제에 대해서는 점수를 어떻게 매겨야 할까요?

　집토끼는 10점

　끼토산은 20점

죽은 토끼는 30점

판 토끼는 40점

알카리성 토끼는 50점으로 정할 수 있습니다.

어떤 근거로 이렇게 평가했을까요? 주관식(논술토론) 문제에서는 일반적이고 평범한 답에 가장 낮은 점수를 주고, 창의성과 논리성이 강화된 답에 따라 점수를 높이는 것을 근거로 합니다.

그런데 이상하죠! 왜 채점 기준에 의심이 가는 걸까요?

이 기준이 쉽게 받아들여지지 않는 이유는 우리 어른들이 객관식 시대에 살아오면서 수치화된 기준에 너무 익숙해져 있었기 때문입니다. 숫자화되어야 가장 과학적이고 객관적이라고 생각하는 습관이 길러진 것이죠. 이러한 습관이 주관식(논술토론) 채점 기준을 쉽게 받아들이지 못하게 방해하는 것입니다.

토론과 논술은 주관식 시험입니다. 그러면 주관식 시험에 맞는 기준이 필요하겠죠. 우리도 빨리 주관식 시대에 맞는 패러다임으로 바뀌려고 노력해야 합니다. 시대에 나를 맞추어야지 시대를 나에게 맞출 수는 없으니까요.

제가 이렇게 설명을 드렸는데도 아직 인정하기 어렵다고요? 아직도 받아들이기 어려우시다고요?

그럼, 제가 인정하기 어려운 선생님들께 당돌한 질문을 하나 드리겠습니다.

2010년 2월 26일 밴쿠버 올림픽! 기억나시죠.

이 올림픽에서 전 국민을 TV 앞에 모았고, 큰 목소리로 환호하게 했던 피겨스케이팅 사건이 있었습니다.

여자 싱글 프리 경기에서 일본의 아사다 마오 선수와 대한민국의 김연아 선수의 피할 수 없는 한 판 승부. 이때 김연아 선수가 이겼다는 것을 인정하시죠? 이 대회는 객관식입니까, 주관식입니까?

철저한 주관식이죠! 이 대회는 누가 뭐래도 완벽한 주관식 대회입니다.

그런데 어떻게 인정하신 겁니까? 객관식은 과학적이고 주관식은 비과학적인데 어떻게 인정하셨습니까? 대한민국 선수인 김연아가 이겨서 인정하신 것입니까? 아니면 8명의 심사위원 중 가장 안 좋은 점수를 준 심사위원의 것과 가장 높은 점수를 준 심사위원의 것을 뺀 나머지 6명의 심사위원들의 점수를 합산하여 평가하는 공정한 심사 기준 때문이었습니까?

슈퍼스타 K에서 대상으로 '허각'이란 사람이 뽑혔을 때, 노래를 잘 하고 못하고를 판단하는 것은 주관적이니까, 수치화될 수 없으니까 1등이라는 걸 인정하지 못한다고 하실 겁니까?

창의력 논술이 추구하는 최종 목표

"선생님! 올해도 저희 학교 학생들 잘 부탁드립니다. 결과가 좋아 믿음도 가고, 부모님들이 선생님한테 맡기지 않으면 대학 못 간다고 난리들을 치니, 올 수시 모집도 신경 좀 많이 써 주십시오!"

"네! 알겠습니다."

"교육 기간과 교육비는 작년과 동일한가요?"

"네!"

"선생님은 짧은 시간에 참 많은 아이들을 합격시키시는 것 같아요!"

"그게 제가 돈 버는 노하우겠죠! 하하하."

"그 노하우 언제 한 번 배워봅시다!"

"맨 입으로는 어렵습니다. 하하하."

우리나라 고3 학생들이 처해 있는 대입환경이 이렇습니다. 내신도 잡아야 하고, 시험 준비에 논술, 구술면접도 잡아야 합니다. 물론 목표는 대학 합격이지요.

터놓고 말하자면, 저는 이 틈새에서 꽤 오랫동안 돈을 벌어 왔습니다. 제가 돈을 벌기 위해서는 짧은 시간 내에 많은 양의 정보와 지식을 전달할 수 있어야 하고 나아가 '합격'이라는 결과를 보여야만 합니다. 그래도 그동안 나름대로는 좋은 성과 때문에 적지 않은 돈을 벌었습니다.

그렇게 고등학생 논술을 가르치기 시작한 지 십여 년을 훌쩍 넘긴 어느 날의 일이었습니다.

우리 집 큰아들이 초등학교에 입학하게 되었습니다. 평소에 논술이 과목의 바탕을 이루어야 한다고 생각했기에, 저는 아이와 본격적으로 논술을 같이해야겠다고 마음먹고 아이를 불렀습니다. 그리고 아이와 함께 읽을 책을 고르기 시작했습니다. 그런데 이게 무슨 일입니까.

놀랍게도 내 책꽂이엔 우리 아이를 위해 자신 있게 뽑아 줄 책이 단 한 권도 없었습니다. 논술교재가 넘쳐나고 있었는데 말입니다.

"이 책이 너를 먼 길까지 올바르게 이끌어주고, 미래를 등불처럼 밝혀줄 책이야!" 하고 자신 있게 뽑아줄 책이 없었다는 겁니다.

저는 심하게 뒷통수를 맞은 기분이었습니다. 그 동안 밥 먹고 한 일이 이것인데 이게 무슨 일인가, 이 앞뒤 안 맞는 상황은 도대체 뭔가. 갑자기 머릿속에 수많은 생각이 떠올랐습니다.

바로 그 순간, 저는 큰 깨달음을 얻었습니다. 저는 그날의 일을 계기로 머리 속에 있는 논술에 대한 모든 내용을 처음부터 다시 점검하게 되었습니다. 그 후로 반 년 동안 두문불출하며 왜 이런 어처구니없는 일이 일어났는지 점검하면서, 그동안 내가 저지른 일에 소스라치게 놀랄 수밖에 없었습니다. 우리 어른들이 아이들에게 휘둘렀던 보이지 않는 횡포를 깨닫게 되면서 아이들 앞에 무릎 꿇고 눈물로 사죄하고 싶었습니다. 간절한 마음으로 아이들에게 잘못했다고 용서를 빌고 싶었습니다.

"세상의 아이들아! 암울한 20세기의 긴 터널. 독재와 강요된 이분법적 사고에 항거하면서도, 반대쪽에 서 있었으면서도, 우리도 모르는 사이에 그대로 배우고 말았구나! 아무도 모르는 사이에 똑같은 방법으로 세상을 바라보고 풀어가고 있었구나. 용서해다오."

"논술의 진정한 모습을 경험한 적이 없었기에, 올바른 미래의 모습을 경험한 적이 없었기에, 민주주의의 진정한 모습을 경험한 적이 없었기에 너희들에게 씻을 수 없는 큰 실수를 하였구나. 용서해다오."

"창의력 시대에, 21세기에, 틀에 짜여진 '결과형 문장식 국어'를 가지고 너희를 가르쳐 왔구나. 세상의 아이들아! 그동안 잘못을 저지른 우리 어른들을 용서해 다오. 정말 용서해다오."

논술교육의 편견에서 벗어나기

논술문의 정체

논술을 하려면 논술문이 무엇인지 알아야 합니다. 아래 내용은 논술문에 대한 구체적인 설명입니다.

① 조건이 주어지는 글. 즉 주어진 조건을 해결해야 하는 글이다.

② 조건을 해결하기 위해서 타당성을 확보하는 것이 관건인 글이지, 객관적 근거를 나열하는 글이 아니다.

③ 책 내용이나 흘러 다니는 정보를 암기하여 쓰는 것이 아니라, 자신의 역사 속에서 건져낸 자신만의 빛나는 철학을 담아 표현함으로써 타당성을 확보하여 주어진 조건을 해결하는 글이다.

④ 어떤 논술제시문도 '남의 생각을 인용하라'는 요구는 하지 않는다. 그러기에 논술문은 개인의 철학으로 타당성을 확보해야 하는 글이요, 그러기에 논설문이 아니라 중수필이다.

하지만 설명처럼 논술문이 무엇인지 개념이 정확하게 다가오지 않을 것입니다. 수업을 하다보면 이와 관련된 물음을 던지는 분들이 많이 계십니다.

"교수님! 길을 지나가 보면 어느 학원 유리창에는 '글짓기'라 되어 있고, 어느 학원 유리창에는 '글쓰기'라 되어 있는데 도대체 어느 것이 맞는 건가요?"
"글쓰기가 맞습니다."
"그럼, 글짓기는 뭐지요?"
"고등학교에 가면 '작문'이 있고, '논술'이 있습니다. 여기서 '작문'은 '자유로운 글 표현'을 지칭하는 것이고, '논술'은 '주어진 조건을 해결하는 글 표현'을 지칭하는 것입니다. 즉, '작문'은 자유로운 글 표현이기에 '글짓기'라 하고, '논술'은 주어진 조건을 해결해야만 하는 글 표현이기에 '글쓰기'라 합니다."
"아! 그렇구나. 그럼, '논술'을 가르친다면서 '글짓기'라고 써놓은 곳은 잘못된 곳이네요."
"예! 정확히 맞았습니다. 그럼, 이번엔 제가 질문을 하나 해보겠습니다. 논술문의 정체는 무엇입니까?"
"논술문은 논설문이죠! 이름도 비슷하고, 둘 다 주장하는 글이니까요!"
"네! 정확히 틀렸습니다. 논술문은 에세이, 즉 중수필입니다."

논술한다는 사람들과 가장 많이 부딪치는 것이 바로 이 논술문의 정체입니다. 어디서 어떤 교육을 받았는지는 모르지만 왜 그렇게 많은 사람들이 논술문을 논설문으로 알게 된 것일까요?

'중수필'이라는 나의 말에 동의할 수 없다는 눈빛으로 질문을 쏟아냅니다.

"교수님! 논술문은 '주장하는 논리적인 글'이잖아요. 그렇다면 논설문이 딱 맞는데 왜 논설문이 아니라는 거죠?"

"지금 하는 이야기는 '논술문이나 논설문은 똑같이 주장하는 글이고, 논리적인 성격도 닮았으니까 같은 종류의 글이다'라는 거죠?"

"네! 그렇죠."

"그럼, 논리성을 확보하려면 어떻게 해야 하나요?"

"객관적 자료를 제시해야죠!"

아하! 논술문을 논설문이라고 착각하는 이유가 바로 이것이었습니다. 논술은 주어진 조건을 해결하는 글인데, 뭔가를 주장하고 그것을 논리적으로 풀어내야 한다고 생각하는 것이었습니다. 게다가 '근거로 사용되는 자료가 충분히 주관적'인 내용일 수 있는 것인데도 불구하고 '근거는 객관적'이어야 한다고 한정지어 생각하는 것이 가장 큰 문제였습니다. 그래야 논리성을 확보할 수 있다고 잘못 생각했기 때문입니다. 저는 이런 차이점을 차근차근 설명했습니다.

"그럼, 교수님! 논술이 다른 글과 차이는 뭐죠?"

"조건이 주어져 있다는 거예요. 첫째, 논제가 주어지고, 둘째, 논제를 풀어나갈 조건이 주어지고, 셋째, 채점자가 있다는 거죠."

"그런데 그게 뭐가 중요하지요?"

"여러분의 말처럼 주장하는 글, 논리적인 글로 접근하면 논술문의 정체가 드러나지 않습니다. 논술문은 '조건이 주어진 글'이라고 접근해야 제대로 정체가 드러나지요."

“조건이 주어진 글이라……”

“자! 지금부터 여러분이 잘못 접근한 문제가 뭔지 짚어 드릴게요. 여러분의 말대로라면 논리적이려면 객관적이어야 한다는 말이잖아요. 다시 말해서 논리적이려면 객관적 자료를 많이 제시할 수 있어야 하고, 남보다 많이 알아야 한다는 거잖아요.”

“그렇죠!”

“그러면 성적이 좋은 아이들이 무조건 논술시험을 잘 보겠네요. 여러분 말대로라면 남보다 객관적 근거를 많이 제시할 수 있는 능력만 갖추면 되니까요. 많이 외우면 되고, 죽 나열할 수 있도록 많이 암기하면 되는 거잖아요. 그러면 이 아이가 제시하는 근거나 저 아이가 제시하는 근거가 다 같을 거고 합격, 불합격을 따질 수 있는 잣대는 ‘누가 많은 근거를 썼나.’ 밖에 더 있겠어요? 그렇게 되면 결과적으로 똑같은 답안지가 수두룩하게 쌓인다는 이야기가 되는데, 이런 획일적인 결론을 얻자고 대학이 엄청난 수의 인력을 배치하면서까지 논술시험을 치룬단 말입니까? 그리고 그렇게 되면 결과적으로 객관식 시험이 되는 거죠!

논술은 주관식 시험입니다. 논술은 ‘그 학생이 가지고 있는 세계관을 측정하기 위한 시험’입니다. 즉, 창의적 주관식 시험이에요. 주관적인 시험에 같은 답이 있다는 것이 오히려 이상한 것 아닙니까?”

“그럼, 저희가 어디서부터 잘못 이해한 거죠?”

“결정적인 실수는 바로 ‘논리적’이란 말을 ‘객관적’이라는 말로 일치시켜 해석한 부분입니다.”

말한 대로 많은 분들이 논리를 객관적이라는 말과 동일하게 생각합니다.

하지만 논리적인 것이 모두 객관적인 것은 아닙니다.

우선 논술이 '주어진 조건의 글'로 접근을 하면 어떻게 정체를 드러내는지부터 말씀드리겠습니다.

논술문은 가장 먼저 조건을 제시합니다. 논술문이 제시하는 조건에는 어떤 것들이 있을까요? ① 제시문을 요약 정리하라는 조건, ② 어떤 대상을 구체적으로 규정하고 그것에 대한 학생들의 견해나 해결방안을 제시하라는 조건, ③ 주어진 문학작품의 화자가 깨달은 바의 핵심 내용을 추론하라는 조건 같은 것들입니다.

위의 조건들은 대부분 어떤 문제나 패러다임에 대해 어떻게 생각하는지, 그리고 문제를 해결하기 위해서 어떤 방안들이 있는지에 대한 생각을 자유롭게 펼쳐보라는 것들입니다. 그래서 위의 조건들을 해결해 나가다 보면 객관적인 글도 나올 수 있고, 주관적인 글도 나올 수 있고, 논리적인 글이나 문학적인 글도 나올 수 있는 것입니다.

여기서 중요한 것은 논술을 실시하는 어느 학교도 '자신의 생각을 쓰시오.'라고 요구하지 '남의 생각을 베껴 쓰시오.'라고 요구하지는 않는다는 겁니다.

정리해 보면 논술문의 논제는 개인의 창의성과 논리성, 문제해결능력을 요구하는 것이고, 논술문은 논제를 논리적으로 해결해나가는 과정을 담은 글이 되는 것입니다. 결국 논술시험은 논제를 자신이 살아온 삶의 궤적이 담긴 자신만의 철학을 담아 풀어내야만 통과할 수 있는 시험이 되는 것입니다.

자꾸 우리가 혼란스러워 하는 부분이 '논리성'인데, 여기서 '논리적'이어야 한다는 것은 '객관적 근거'가 아니라 '주관적인 것에 자기 자신의 철학을 담아 읽는 이(출제자)로부터 타당하다고 동의를 얻어나가는 과정'을 의미합니다.

그렇다면 자신의 철학을 담을 그릇으로는 무엇이 적당할까요? 주관적이면서 자기의 삶의 궤적이 묻어 있는 논리적인 글 말입니다. 맞습니다. 바로 중수필입니다. 우리가 흔히 '에세이', '수필'이라고 부르는 글의 형식인데, 논술문은 수필 중에서도 중수필에 속합니다. 보통 사회 문제나 인간 문제 등 무거운 주제를 자신의 세계관에 맞추어 경고하고 비판하는 글을 중수필이라고 합니다.

수필에는 경수필과 중수필, 두 가지가 있습니다. 경수필을 '미셀러니'라고 하고 중수필을 '에세이'라고 하는데 어느 날부턴가 수필은 모두 에세이라고 통칭하여 부르게 되었지요.

수필의 특징은 모두 잘 알고 계실 겁니다. 수필은 굉장히 자유로운 글입니다. 보통 '주변에서 보고 듣고 느낀 것을 붓 가는 대로 자유롭게 쓴 글'이라고 정의합니다. 수필은 왜 자유로울 수 있을까요? 형식이 자유롭기 때문입니다. 그릇이 커야 많은 것을 자유롭게 담을 수 있는 것처럼 수필은 형식의 그릇이 굉장히 큽니다. 그래서 우리는 수필을 '무형식의 형식의 글 : 개방문학'이라고도 합니다.

또한 수필은 소재가 매우 다양하고, 작가층도 다양합니다. 그럴 수 있는 이유는 소설과 비교하자면 1인칭 주인공 시점이기 때문입니다. 수용하는 것도 '나'이고 발산, 표현하는 것도 '나'이기 때문에 자유롭고 다양할 수밖에 없는 장르입니다.

논술문과 논설문 비교대조

구분	논설문	논술문
조건	• 선택적(표현하는 글이 아니고 자기가 쓰고 싶을 때 쓰는 글이라는 뜻)	• 강제적(시험 또는 통과 의례로 성립) • 주어진 조건이 있는 글 ① 논제 ② 풀어낼 조건 ③ 심사위원(채점자)
주장에 대한 입장	• 의견 제시, 주장	• 주장이 요구되는 경우에만 한정 – 요구조건의 구체적인 예 ① 두 예문을 정리 요약하시오. ② 내용을 읽고 이런저런 내용이 반드시 들어가게 해서 자신의 생각을 쓰시오. ③ 두 내용의 공통점을 찾아내고 문제 해결책을 펼치시오.
목적	(자신이 선택한 주제에 대한) 설득	(조건을 해결하기 위한) 설득
자료 제시 선택	• 한정적 – 객관적 자료(일어난 사실 또는 사건을 중심으로) – 타당성 확보 – 논리적	• 포괄적 – 주관적, 객관적 자료 등 다양하게 사용 가능(자신의 경험, 철학을 중심으로) – 타당성 확보 – 논리적
구성	• 3단이 기본	• 2단, 3단, 4단 등 다양
구성 선택에 따른	• 체계적	• 다양한 느낌

논술식 문제를 많이 풀면 논술 능력이 키워질까?

논술을 잘하려면 논술식 문제를 많이 풀면 될까요? 아닙니다. 논술이 먼저 되어야 어떤 과목의 문제도 논술식으로 풀어낼 수 있습니다. 논술식 문제란 논술 능력을 알아보기 위해 일정한 형식을 갖춘 문제이기 때문입니다. 다시 말하면 논술식이란 논술 능력이 식으로 나타나는 겁니다.

그럼, 질문을 던져보겠습니다. 논술이 먼저일까요, 논술식이 먼저일까요? 네. 두말할 것 없이 논술이 먼저입니다.

제가 이 질문을 던지는 이유는 소중한 우리 아이들에게 실수를 덜 하고 싶기 때문입니다. 이 질문의 답을 정확하게 알고 있어야 아이들을 구석으로 내몰지 않을 테니까요.

어떤 실수냐고요? 논술식 문제를 많이 풀면 논술 실력이 자동으로 좋아질 거라는 생각에서 일어나는 실수 말입니다. 논술 기초 능력도 생기기 전에 점수 잘 맞아야 한다고 논술식 문제가 가득 들어 있는 문제집 수십 권을 사다 주면서 다 풀게 하는 실수 말입니다. 아이 생각을 키우기보다, 사물에 대한 관심을 키우기보다, 문제의 바다에 빠뜨리는 그런 실수 말입니다.

이게 다 어른들의 조급증에서 비롯된다는 거 아시죠!

논술식 문제해결능력은 논술이 바탕을 이루고 난 뒤에 자연스럽게 이루어질 수 있는 결과라고 보시면 됩니다.

요즘 논술식 창의력 문제가 발표되면서 답을 다양하게 접근하도록 유도하는 문제가 나오기 시작합니다. 그렇기 때문에 많은 분들이 논술식 문제를 많이 풀면 논술이 저절로 된다고 생각하는 것 같습니다.

그러나 분명하게 말씀드릴 수 있는 건 이런 발상은 본말전도(本末顚倒)식

발상법이라는 것입니다.

여러분은 아이들에게 재산을 많이 남겨주고 싶을 겁니다. 하지만 더 중요한 건 아이들을 제대로 가르치는 일입니다. 재산보다 교육을 남겨야 합니다. 왜냐고요? 아무리 많은 재산을 남겨 주어도 관리할 수 있는 능력이 없다면 그 재산은 아무것도 아니기 때문이지요. 주지 않은 것보다 오히려 못한 결과로 나타날 수도 있습니다.

논술도 마찬가지입니다. 논술식 문제를 1,000개, 10,000개 풀었는데도 새로운 창의적 문제가 나왔을 때 풀 수 없다면 그 노력은 아무 소용이 없는 것입니다.

아이들에게는 가르침을 주어야 합니다. 슬기를 주어야 합니다. 논술이라는 기본적인 힘을 길러줌으로써 새롭고 아무리 어려운 창의적 문제가 주어지더라도 주저함 없이 풀어낼 수 있는 능력을 길러주어야 합니다.

그러니 '창의력 문제집' 사주는 것에 너무 집착하지 마십시오.

진정한 창의력 논술교육에 집중하시는 것이 문제집을 사주는 것보다 천 배, 만 배 훌륭한 일입니다.

논술·구술면접 교육, 언제부터 해야 하나?

오래 전에 저에게 비교되는 두 제자가 교육을 받은 적이 있었습니다.

한 학생은 초등학교 때부터 중학교 3학년 때까지 전교 1등을 놓치지 않은 학생이었고, 또 한 학생은 반에서 3~4등 정도, 전교에서는 20~30등 정도 하는 학생이었습니다.

그 두 아이는 각각 다른 학교를 다녔는데, 같은 특목고를 시험을 치르게 되었습니다. 전교 1등을 하던 학생은 모두의 예상대로 무난히 합격을 했습니다. 그런데 이변을 일으킨 것은 후자의 학생이었습니다. 그 학생이 다닌 학교에서 전교 3등까지 상위권을 차지하던 학생들이 그 특목고 시험에서 모두 떨어진 반면, 전교 20~30등의 학생이 합격을 한 것입니다.

이변은 거기서 끝나지 않고 대학 입학 때도 일어났습니다.

중학교 때까지 전교 1등만 했던 아이는 고등학교 진학 후 과도한 스트레스로 자주 슬럼프에 빠졌고, 그 덕에 성적은 들쭉날쭉하여 결국에는 자신이 원하던 대학에 떨어진 것입니다. 하지만 후자의 아이는 거듭되는 성적 향상으로 마지막 날까지 안정된 자기 페이스를 유지하여 자기가 가고자 했던 명문대에 입학할 수 있었습니다.

전자의 아이와 후자의 아이는 무엇이 달랐을까요?

전자의 아이가 성적을 관리받으며 철저히 만들어진 아이였다면, 후자의 아이는 스스로 공부하도록 키워진 아이였습니다. 전자의 아이는 엄마의 강요 속에서 암기 중심으로 성적 위주의 공부만 했던 아이였습니다. 그러니까 공부할 수 있는 능력을 키운 것이 아니라 잔재주만 키운 것이죠. 이 아이는 컴퓨터로 이야기하면 소프트웨어만 발전시킨 아이였던 것입니다. 초등학교나 중학교 때까지는 운좋게 성적이 잘 나올 수 있지만, 고등학교 때부터는 그런 잔재주 가지고는 버티지 못합니다.

스스로 공부하도록 키워진 후자의 아이는 다른 아이들과 유독 다른 능력이 있었습니다.

첫째, 책 내용에 집중하는 속도가 매우 빨랐습니다.

둘째, 집중된 후에도 계속 그 속도를 유지했습니다. 그래서 다른 학생들보다 훨씬 많은 것을 가르칠 수 있었고, 그 학생도 무리없이 스폰지처럼 잘 받아들였습니다.

저는 그 아이가 책을 빨리 읽는 것이 하도 신기해서 따로 속독을 배웠냐고 물어봤습니다. 놀랍게도 아이는 전혀 그런 적이 없다고 했습니다. 그러면서 덧붙이는 말이 자기는 "서점에서 돈을 주고 책을 사 본 적이 별로 없다. 웬만한 책은 30분 정도면 다 읽어 버리기 때문"이라고 이야기하더군요. 그래서 정말 그런가 실험을 해 보았습니다. 정말 30분 안에 책을 다 읽었고 내용도 모두 알고 있었습니다.

어떻게 그런 능력이 생겼냐고 물었더니 자기는 한글을 깨우친 이후부터는 책 속에 파묻혀 살았다고 하더군요. 책 읽다가 밥 먹는 것을 잊을 때가 많아 어머니께서는 옆에서 아예 숟가락을 들고 계셨다는 겁니다. 후자의 아이는 어릴 때부터 많은 것을 받아들일 수 있는 하드웨어 용량까지 키워 왔기에 나중에 그런 기적 같은 일을 현실화시킬 수 있었던 것입니다.

후자의 아이를 통해 보여지는 것처럼 하드웨어의 용량을 강화하는 것은 어릴수록 좋습니다. 왜냐하면 아이들의 머리는 어릴수록 넓은 백지와 같아 지식을 스폰지처럼 받아들이기 때문입니다. 어릴수록 교육적 효과는 큽니다.

초등, 중등, 고등 논술교육의 핵심

"교수님! 저희 아이가 중학생이 되었는데 어떤 책으로 논술교육을 하는 것이 좋을까요? 이번에 선택한 교재는 아이가 너무 어려워하네요. 그 책을 보면 논술이 싫어진대요. 제가 봐도 책 내용이 너무 어려운 것 같긴 해요."

수업을 끝내고 막 나오는데 한 선생님이 저에게 던진 질문입니다.

"선생님. 그래서 '알맞은 때에, 알맞은 사람이, 알맞은 책으로 교육을 해야 한다.'는 말이 있는 것 아니겠습니까. 그러니까 항상 기본에 충실하세요. 수업시간에 교육 받으신 거잖아요!"

이렇게 답변은 해 드렸지만 마음 한구석이 무겁기만 합니다. 왜냐하면 시중에 나와 있는 책들이 이 문제를 시원하게 풀어줄 수 없다는 것을 알기 때문입니다.

시중에 나와 있는 논술교재들을 가만히 살펴봅시다. 객관식 문제를 내놓고 논술이라고 속이지를 않나, 글짓기용 책을 글쓰기용 책이라고 벅벅 우기질 않나…… 심지어 초등학생용이라고 하면서 고등학생들이나 이해할 법한 내용들로 가득 차 있는 책들도 많습니다.

도대체 누구를 대상으로 만들어졌는지 판단할 수 없는 정체불명의 책들, 종류는 많은데 선택의 폭은 좁은 '다양성 속에 획일화'가 논술교재에도 일어나고 있었던 것입니다.

저는 이런 책들을 보면서 덜컥 겁이 난 게 한두 번이 아닙니다. 글과 말을 제대로 익혀 미래의 지도자로 성장해야 할 우리 아이들 때문에 덜컥 겁이 나는 겁니다.

어렵고 지루한 책을 보면서 우리 아이들 마음엔 어떤 생각이 자랄까요?

‘논술은 어렵고 내가 잘 할 수 없는 것’이라는 부정적 생각이 뿌리를 내리고 자라게 될 것입니다. 그런데도 이런 책들이 ‘논술은 당연히 어렵고 힘든 거야!’라며 용인되고 있는 것도 부정할 수 없는 사실입니다.

왜 이런 일들이 일어나는 걸까요?

첫째는 논술교재를 만드는 사람들이 저지르는 잘못 때문입니다.

둘째는 제대로 알려고 노력하지 않는 어른들 때문입니다.

자! 하나씩 풀어나가 보겠습니다.

첫째, 논술교재를 만드는 사람들이 저지르는 잘못에 대한 이야기입니다.

우리나라에서 논술교재를 만드는 사람들을 굳이 나눈다면 두 부류로 나누어집니다.

한 부류는 고등학생을 가르친 사람들입니다. 이 분들은 고등학생에게 가르친 논술 내용을 미리 익힐 필요가 있다고 생각하기 때문에, 책의 내용을 학년의 구분 없이 어렵게 쓰는 경향이 있습니다.

다른 한 부류는 과거에 웅변을 가르치던 사람들입니다. 이 분들의 문제점은 과거 웅변학원에서 가르치던 자료를 논술 내용이라고 생각하고 출간한다는 것입니다. 그래서 글쓰기(논술)책이 아니라 글짓기 또는 문법, 글씨체 연습용 책이 만들어집니다.

이 두 부류의 문제점을 가만히 생각해보면 공통점이 나옵니다. 각 학년의 단계를 고려하지 않는다는 것과 책상 앞에서 ‘이렇게 하면 글을 잘 쓸 수 있다.’는 위험한 생각을 갖고 있다는 것입니다. 결론적으로 지금 출간되고 있는 논술교재 문제의 핵심에는 초등학생부터 고등학생의 논술교육까지 두루 경험하고 이론과 실천을 겸비한 집필자가 모자란다는 사실이지요.

둘째, 제대로 알려고 노력하지 않는 어른들 때문입니다. 여기서 어른들이란 물론 선생님들과 학부모님들을 지칭하는 단어입니다.

선생님들의 가장 큰 문제는 경험주의에 빠져 있다는 것이고 학부모님들은 자기계발에 게으르시다는 겁니다. 이 두 가지의 문제가 서로 얽히고설켜서 '논술은 당연히 어렵고 힘들어야 한다!'라는 공식이 만들어지고, 이로 인해 우리 아이들을 두 번 죽이는 환경이 만들어지는 것입니다.

왜 두 번 죽이는 거냐고요? 힘들어서 한 번 죽이고, 문제를 해결하지 못해서 두 번 죽이는 것입니다.

그럼, 선생님들이 빠져 있는 경험주의란 무엇일까요? 자기가 경험한 것이 좋은 논술교육 방법이라고 생각하고 그것만을 고수하려는 태도와 새로운 내용들과 시대가 요구하고 있는 것을 이해하지 못하는 위험한 발상들을 통칭하는 말입니다.

'경험'은 물론 중요합니다. 그러나 '경험'이 '경험주의'로 굳어져 버리면 변화하는 내용을 받아들일 수가 없게 됩니다.

논술이 요구하는 가장 기본은 창의성입니다. 선생님들이 열린 사고를 갖지 않고 시대를 읽을 수 있는 개안(開眼)을 갖고 있지 않는 한 우리 아이들의 교육은 죽은 교육으로 전락하게 됩니다. 선생님의 사고와 실천이 살아 있을 때 교육은 비로소 살아 숨 쉬는 교육으로 되살아나게 될 것입니다.

아이들이 왜 힘들어하는지, 어떻게 하면 보다 쉽게 접근할 수 있도록 교육과정을 창의적으로 만들어낼 것인지, 시대의 변화를 읽어내고 교육과정을 설정할 것인지는 모두 선생님의 몫이라는 것을 잊으시면 안 됩니다.

학부모님들이 자기계발을 위해 노력하지 않는 것도 큰 문제입니다.

우리 아이들을 지켜주는 가장 큰 울타리는 부모님입니다. 그래서 '부모님이 깨어야 이 나라가 깨어난다.'는 말을 하게 되는 것입니다. 내 아이를 누가 지켜 줄까요? 부모님이 모르는데 우리 아이를 지킬 수 있을까요?

부모님들이 논술선생님들에게 학교 숙제를 내밀면서 아이 글에 첨삭을 해 달라거나, 반장선거에 나가기 위한 원고를 대신 써달라는 부탁을 하기 전에 논술교육이 무엇이고, 논술이 지향하는 교육적 함의 무엇인지를 알려고 노력하셔야 우리 아이가 나중에 이 나라를 이끌어갈 미래의 지도자로 성장할 수 있는 겁니다.

부모님들! 정말 '우리 아이를 위해서 나는 얼마나 노력했는가?'라고 되물어 본 적 있으십니까? 부모님들께 논술교육이 무엇인지 이해하려고 시간을 내어 노력해 보신 적인 정말 있냐고 묻고 싶습니다. 적어도 아이를 기르는 부모님이라면 어떤 교재가 좋은 논술교재인지, 어떤 논술선생님이 좋은 선생님인지, 어떤 교육원이 제대로 된 논술교육을 할 수 있는지, 우리 아이를 위해서 어떤 교육 환경을 만들어야 하는지 정도는 알고 계셔야 합니다.

그러기 위해선 게으름의 틀을 깨고 여기저기 알아보러 다니셔야 합니다. 여기서 게으름이란 육체적인 것만이 아니라 정신적인 것까지를 말하는 것입니다.

각 지역의 시청을 두드려 보십시오. 요즘 독서, 논술, 토론 교육을 무료로 실시하고 있습니다. 대학의 사회교육원이나 지역교육협의회, 각 지역 동사무소, 백화점 문화센터에서도 교육을 실시하고 있습니다.

주변의 문을 두드리십시오. 이렇게 적극적으로 우리 아이를 위해 부모님의 영혼을 채우려 할 때 자연스럽게 채워질 것입니다.

그러면 어떻게 초등, 중등, 고등 논술의 수준과 내용을 나누고 다루는 것이 합당한 걸까요? 또 각 시기에 꼭 갖추어야 할 능력은 어떤 것들일까요?

잠깐! 여기서 어떤 분이 논술의 내용과 영역을 칼로 자르듯이 나눌 수 있는 것이냐고 되묻는다면 저는 답할 수가 없습니다. 그러나 이러한 노력이 하나의 씨앗이 되어 결실로 이어질 수 있다면 저는 그것으로 만족할 것입니다. 다만 분명한 것은 이러한 노력조차 안했던 과거를 반성하고 있고, 우리 아이들을 살리는 방법을 끝없이 고민한 결과라는 것입니다.

제가 가장 걱정하는 것은 특히 초등학생 교육입니다. 우리나라 논술교육은 바로 논술을 요구하는 결과형으로 되어 있습니다. 즉 논술을 잘할 수 있도록 준비하는 논술 전 단계에 대한 연구가 너무나도 미흡하다는 것입니다.

초등학생 논술은 진짜 논술시험을 보게 될 때 자신만의 생각을 긴 문장으로 일관성 있게 써나갈 수 있는 능력을 키워주는 데 초점이 맞춰져야 합니다. 책을 읽었으니 바로 너의 생각을 쓰라는 형태의 교육으로는 백년이 가도 논술을 잘하는 아이를 키워낼 수 없습니다.

물론 중학생 논술교육도 방향을 못 잡고 있는 것은 매 한 가지입니다. 그러나 이때쯤 되면 받아들일 수 있는 인지력이 발달되는 상황이어서 초등학생보다 덜 걱정된다는 것뿐입니다. 중학생 논술교육에서 가장 큰 문제는 '실력과 자세의 양극화 현상'입니다. 이때부터 책과 멀어져서 책을 아주 싫어하는 학생, 생각하는 것 자체를 싫어하는 극단적인 학생이 나타나기 시작하고, 더 나아가 나중에는 예시 답안이 없으면 단 한 줄도 쓰지 못 하는 학생이 나타나기 시작합니다.

다음은 학년별로 다뤄야 하는 논술교육의 핵심들을 정리한 도표입니다. 이 내용을 바탕으로 아이들이 글과 말을 제대로 사용할 수 있길 바랍니다.

단위 및 명칭	단계 구분	다루었으면 하는 형태와 예상 내용
초등 (창의력 논술)	**생각 받아들이기 단계** (논술을 하기 전에 글과 말로 표현하는 능력이 극대화될 수 있도록 단계별, 과정별 교육, 내용은 창의력을 중심으로 한 교육)	**형태** ① 단계별 양식화–창의성을 지켜주기 위해 ② 과정별 분류화–글의 해부를 통해 가능 **내용** ① 교과서 내용 중심 수록 ② 창의적인 주관식 형 문제 수록 ③ 어휘 및 문장 형성 이해 내용 수록 ④ 다양한 글의 종류 체험 내용 수록 ⑤ 직업관, 윤리관 형성 내용 수록
	꼭 갖추어야 교육목표 독서 능력 체질화 독서를 좋아하고, 어휘력이 극대화되며, 논리성을 갖출 수 있는 기초를 체득화, 체질화시키는 것이 목표	
중등 (정체성 논술)	**좋은 생각 기르기 단계** (독서에서 쉽게 얻기 어려운 생활적이면서 삶의 방향이 있는 내용 습득과 기본 표현을 위한 노작 교육. 역사관에 입각한 정체성 교육)	**형태** ① 발표식 ② 토론식 **내용** ① 문학적 소양을 키우는 이론 수록 ② 시사성 담긴 연설문 수록 ③ 삶의 지표가 되는 명언, 격언 수록 ④ 사회학적 소양을 키우는 교과서 수록 ⑤ 역사관을 키우는 거꾸로 보는 역사 수록 ⑥ 자기를 사랑하는 힘 기르기 문제 수록 ⑦ 자유로운 글쓰기 '중수필' 해설 수록
	꼭 갖추어야 교육목표 발산 능력의 체질화 표현의 단계적 해결을 통해, 발표와 토론을 체질화하고 기본적인 논제를 글로 환원할 수 있는 능력 갖추기가 목표	

고등 (세계관 논술)	**생각 직접 표현하기 단계** (각 테마별 시사성 논제의 습득과 발산 능력 극대화 실현 교육)	**형태** ① 수업식 ② 토론식 ③ 문제 풀이식 **내용** 고1: 기초소양 +테마별 내용+중수필 수록 고2: 시사문제 +기출문제 수록 고3: 전공적성+구술+논술+예상문제수록
	꼭 갖추어야 교육목표 사회학적, 인문학적 표현 능력 체질화 대학 입시에서 요구하는 사회학적 소양과 인문학적 표현 능력을 자유롭게 표현할 수 있는 능력을 갖추는 것이 목표	

고전은 좋은 논술교재인가?

"선생님! 저는 우리나라 고전이든, 외국 고전이든 전부 싫어요!"

한 학생이 손을 들고 당당하게 외치는 한마디.

고전이 싫다니? 이게 무슨 날벼락 같은 이야기일까요?

"고전이란 오랜 역사의 숨결과 선조들의 슬기가 담겨 있는 훌륭한 글인데 왜 싫으니?"

"우리나라 고전이든, 외국 고전이든 모두 동생이 잘되는 걸로 되어 있기 때문에 싫어요! 대표적으로 돼지 삼형제도 그렇잖아요!"

그 아이의 이야기가 끝나자마자 여기저기서 이구동성으로 외칩니다.

"저도 고전이 싫어요."

"저도 고전이 싫어요."

"너희들 혹시 전부 맏이냐?"

"네!", "네!", "네!", "네!", "네!"

나도 우리집에서는 삼형제 중 장남인데, 그리고 책 좀 본다면 보는 사람인데 40년이 넘도록 이 사실을 발견하지 못했다니……. 우리 어른들은 정말 하루도 아이들에게 배우지 않는 날이 없는 것 같습니다.

독서전문가들의 주장 중 '독서목록을 고전으로 짜면 백전백패'라는 내용이 있습니다. 독서목록을 고전으로 짜면 왜 백전백패일까요?

첫째, 교훈성이 너무 강하기 때문입니다.

저는 교훈과 교훈성의 차이가 권위와 권위주의의 차이와 동일하다고 생각합니다. 권위와 권위주의의 차이는 권위는 인정하지만 권위주의는 거부당한다는 것입니다.

권위는 받아들이는 이들이 인정하는 것이기에 모두가 주체가 되므로 거부당하지 않지만, 권위주의는 권위를 인정받고 싶은 사람이 강제로 환경을 조성하기 때문에 권위를 인정해야할 쪽에서 이미 주체가 되지 못하여 거부를 할 수밖에 없습니다. 교훈과 교훈성도 바로 이러한 관계에 놓여 있습니다.

교훈이란 '사람이 나아갈 길을 그르치지 않도록 가르치고 깨우치게 하는 것'으로, 그 자체로는 훌륭한 뜻을 담고 있습니다. 하지만 그것이 실천으로 옮겨지게 되면서 교훈성이 강해지면 문제가 발생하게 됩니다.

바로 이것이 고전이 가지는 문제점입니다.

책을 읽고 자연스레 교훈을 받아들여야 하는데, 교훈을 전달할 의도(교훈성)를 더 강하게 느끼면 그건 강요가 됩니다. 책을 읽는 사람의 마음과는 상관없이 강한 힘으로 읽는 대상에게 교훈을 새길 것을 강요하는 것입니다.

책이 의도한대로 떠먹어야 한다는 강압적 상황이 되면 창의적이고 도전적이면서 자유로운 사고를 가진 지금의 아이들에겐 먹는 양만큼 토하는 양도 많을 수밖에 없고, 그래서 아이들은 심하게 거부할 수밖에 없는 것이지요. 부모님들이나 선생님들은 지금의 아이들에겐 교훈적인 고압적 태도로 접근해서는 어떤 교육도 성공을 거둘 수가 없다는 사실을 꼭 기억하셔야 합니다.

둘째, 답이 정해져 있기 때문입니다.

앞서 아이들이 '막내가 결국 잘 된다.'라고 이야기한 것처럼 고전은 대부분 예상 가능한 답이 정해져 있기 때문에 아이들이 거부하는 것입니다.

답이 정해져 있다면 굳이 바쁜 시대에, 일부러 좋아하지도 않는 고전을 찾아 읽을 필요가 어디 있겠습니까.

그러나 지금 시대는 21세기요, 다양화의 시대요, 모두가 주체가 되는 시대입니다. 답이 정해져 있지 않고 다양해야 내 생각을 마음껏 펼칠 수가 있고, 내가 표현한 것에 내가 주인이 될 수 있으며, 내 생각이 최고가 될 수 있습니다. 고전은 처음 출발부터 다양성도, 창의성도, 도전정신도, 주체로서의 자부심도 빼앗아 버리니 도서목록에 집어넣으면 습관적으로 거부하게 되고 백전백패 하는 것이지요.

셋째, 작품에 쉽게 빠져들지 못하기 때문입니다.

겉도는 책읽기를 통해서는 감동을 받을 수 없습니다. 독서를 하면서 사람들이 감동을 받았다는 것은 작품 속 깊이 빠져 들었다는 것입니다.

그런데 고전은 읽는 이가 작품 속으로 쉽게 들어가지 못합니다. 왜냐하면 문장 자체가 읽어 내려가기 어렵고, 시대적 환경을 이해하기 어려우며, 등장인물의 가치관을 받아들이기 어렵기 때문입니다. 그렇기 때문에 고전은 감동받기 어려운 책입니다.

그런데도 아이들이 고전을 어려워하고, 뭐라고 썼는지 모르겠다고 항변하면 부모님들은 열심히 안 읽어서 그런다고 핀잔을 주는 경우가 많습니다. 사실 아이들이 고전을 열심히 안 읽는 것이 아니라 못 읽는다고 판단하는 것이 올바른 분석일 것입니다.

프로크루스테스의 침대와 논술교재

프로크루스테스는 그리스신화에 나오는 노상강도입니다. 그는 지나가는 나그네를 납치하여 자기 침대에 눕히고, 침대보다 크면 톱으로 잘라 키를 맞춘 후 죽이고 침대보다 작으면 늘려서 자기 침대에 맞춘 후 죽이는 무서운 살인마였습니다. 그래서 프로크루스테스는 '늘이는 자' 또는 '두드려서 펴는 자'라는 뜻을 가지고 있다고 합니다. 결국 그는 아테네의 영웅 테세우스에 의해 똑같은 방법으로 최후를 맞게 됩니다.

저는 지금의 논술교재가 바로 프로크루스테스와 같다고 생각합니다. 틀에 짜인 답을 요구하는 교재가 너무 많기 때문입니다. 그동안 논술교재를 보면서 답답했던 것이 한두 가지가 아니었지요.

그 중에서도 나를 가장 답답하게 했던 건 창의력이라고 이름 붙은 교재들이었습니다. 이런 교재들의 책장을 넘겨보면 창의력이 사라진, 오히려 입시교재보다 더 틀에 짜인 답을 요구하는 '反 창의력 교재'가 너무 많았다는 것입니다.

'논술교육'은 21세기를 위한 '훌륭한 인간 육성'이 그 목표입니다. 지금 우리 아이들에게 훌륭한 인간으로 성장하기 위한 자양분이 절실하게 필요한 이때에 과거 20세기에 해 왔던 암기식, 객관식, 선생일방주도식 교육이 되풀이되어서야 아이들에게 필요한 영양분을 공급해 줄 수 있겠습니까?

틀에 짜인 답을 요구하는 '反 창의력 교재'를 가지고 21세기를 준비하는 위대한 작업이 가능하겠습니까?

창의력이 뭡니까? 새로운 생각(착상)이나 의견을 말합니다.

교사용 답이 있는 교재를 통해 기존의 질서에 순응하는 법부터 배우고, 교훈을 강요받는 상황에서 과연 우리 아이들이 새로운 생각이나 의견을 갖는 힘을 기를 수 있겠습니까?

저는 개인적으로 창의적인 힘을 기르기 위해서는 도전 정신이 필요하다고 생각합니다. 도전을 두려워하지 않는 아이들이 될 때 새로운 발상이, 새로운 자기의 견해가 갖추어진다고 힘주어 말하고 싶습니다.

그런데 창의력을 말하면서 답이 주어져 있는 교재가 왜 아직도 활개를 치고 있는 것일까요?

우리 어른들의 얄팍한 상술 때문이 아닐까요. '이렇게 하면 돈이 되겠구나, 저렇게 하면 돈이 되겠구나.'라는 생각을 가지고 책을 만들기보다는 '이렇게 하는 것이 올바른 교육이 될 수 있구나. 저렇게 하는 것이 아이들의 생각이 보호될 수 있구나.'라는 입장에서 신중하게 교재를 만들어야겠지요.

부모에게 보여주기 위해서가 아니라 아이들을 위한 교육철학을 가질 때, 아이들을 가르치는 대상이 아니라 스스로 커나가는 주체로 인식하는 교육이념을 가지고 아이들을 교육할 때 우리 어른들이 올바르게 반성했다고 말할 수 있지 않겠습니까!

논술교재의 또다른 문제점은 무조건 써내야만 하는 '결과형 문장식 국어교재'를 자꾸 '과정식 창의력 논술교재'라고 주장한다는 것입니다.

아이가 글을 쓰게 하기 위해서는, 제일 먼저 글쓰는 것이 재미있는 일이 되어야 합니다. 글쓰는 것이 가장 자신 있는 일이 되어야 합니다. 그래서 제가 누누이 칭찬으로 가르치라고 주장하게 되는 것이고요.

그렇다면 논술교재는 어때야 하는 겁니까? 글쓰는 것이 가장 자신 있도록 만들어 주는 책이어야 합니다. 아이가 아프지 않고, 아파하지 않게, 조심조심, 혹여나 넘어져 마음 다치지 않도록 미리 배려해 놓은 책이어야 합니다.

아이가 글쓰기에 자신감이 생기도록 한 단계, 한 단계 무리하지 않으면서 글쓰는 것을 차곡차곡 익혀 나가는 과정으로 채워져 있어야지 당연한 것 아닙니까? 자심감이 불처럼 일어나도록 배려한 과정, 과정들로 가득 채워져 있어야 합니다.

다시 한 번 논술교육에 종사하시는 분과 부모님들께 묻고 싶습니다.

아무것도 준비되지 않았는데 글을 읽었으니 마구 쏟아내라는 '결과형 문장식 국어 교재'가 옳은 겁니까? 아니면 글을 쏟아내기 전에 글을 쏟아낼 수 있는 능력을 강화해 주는 '과정식 창의력 논술교재'가 올바른 것입니까!

저는 아이들이 글을 쓰기 전에 거쳐야 할 단계와 과정이 아주 많이 있다고 주장하는 사람입니다. 그리고 그것이 단계, 단계 올바르게 설정되어 무리하지 않으면서 자연스럽게 실력으로 업그레이드 될 수 있어야 한다고 굳게 믿는 사람입니다.

한 가지 예를 가지고 증명해 보도록 하겠습니다.

우리 아이들이 글을 쓰기 두려워하는 이유가 뭔지 아십니까? 신체적인 면, 환경적인 면, 의식적인 면 등 그 이유는 굉장히 많지만 그 중에 하나가 재미있게도 원고지에 대한 두려움입니다.

그런데 우리 어른들은 아이들이 원고지에 대한 두려움에 시달릴 거라는 생각을 거의 하지 않습니다. 아예 인정하려 하지 않는 분도 있었습니다.

바로 그런 정확하지 않고 어설픈 판단이 아이들을 힘들게 하는 겁니다.

아이가 원고지를 두려워한다면 어떻게 해야 합니까? 반드시 원고지에 대한 두려움을 극복시켜 주어야 하는 것입니다. 그것을 극복시켜 주어야만 아이가 다음 단계로 성장하게 될 것입니다.

여러분이라면 어떻게 하시겠습니까? 어떤 단계를 설정해 주면 이 아이가 덜 힘들어하면서 이 단계를 자연스럽게 극복할 수 있을까요?

저는 '마음대로 쓰기'라는 항목을 교육 프로그램에 넣어 아이들에게 교육해 왔습니다. 우선 아이에게 원고지와 비슷한 양식을 주고, 마음대로 쓰도록 시킵니다. 순서 없이, 위아래 없이, 사방팔방으로, 띄어쓰기 생각하지 말고, 정말 아이 마음대로 쓰게 합니다.

여기서 얻고자 하는 것은 아이가 원고지에 대한 두려움을 없애고, 원고지는 내 생각이 마음대로 뛰어놀 수 있는 운동장이라는 자신감을 회복시키는 것입니다. 20여 년 동안 아이들을 가르치면서 검증한 결과, 이 교육 프로그램을 거친 학생들은 모두 다 원고지에 대한 두려움을 빠른 시간 내에 극복할 수 있었습니다.

이처럼 아이의 문제가 원고지에 대한 두려움 때문인지도 모르고 올바른 과정의 설정과 정확한 극복 단계의 제시도 없이 무조건 쓰라고 한다면 이 아이는 평생 자기 생각을 자유롭게 펼쳐내지 못할 것은 너무나도 뻔한 일입니다.

아이들이 행복해하는 교육, 어른들이 만족해하는 교육, 마침내 성공하는 교육을 위해 진정한 창의력 교재를 만들어 내는 것은 어른들의 몫입니다. 아이들을 어떻게 교육에 중심에 세울 것인가를 고민하면서 상업주의와 손을 잡지 않는다면 올바른 교재가 마침내 탄생할 것이고, 그때에서야 비로소 우리는 프로크루스테스를 물리친 영웅 테세우스가 될 수 있을 겁니다.

수많은 논술교육의 편견과 싸우는 전사가 되자!

"논술과 토론은 강사의 능력에 따라 수업의 질이 달라질 것 같아요!"

"왜 그렇게 생각하시죠?"

"100명이 글을 읽었다고 생각해 봐요. 그러면 정해진 것이 없을 테니, 전부 다른 글들이 나올 것 아닙니까? 그러면 다 다른 내용을 취합해야 하니까 선생님이 보통실력 갖고는 안 될 것 아닙니까!"

"다른 과목은 안 그런가요?"

"다른 과목은 답이 딱 떨어지잖아요!"

"답이 딱 떨어진다고요? 답이 딱 떨어지면 다 똑같은 내용의 교육을 한단 말입니까? 그러면 강남 유명강사나 대표 수학 강사라고 왜 그렇게 떠들고 인정하는 겁니까?"

"어? 그러네!"

논술과 토론교육에서 왜 강사의 질이 그렇게 중요하게 느껴졌던 것일까?

그건 바로 논술과 토론이 주관식 교육이라는 것을 동물적 감각으로 우리가 느끼고 있기 때문일 것입니다.

오랜 시간 문장식 국어를 논술로 착각하고 틀에 짜인 객관식 논술을 해왔음에 불구하고, 100명이 똑같은 책을 읽더라도 모두 다른 글이 나올 수밖에 없고, 모두 달라야 정상이라는 것을 알고 있기 때문일 것입니다.

객관식 · 주입식 교육이든, 주관식 · 창의력 교육이든 간에 모든 교육은 강사의 질에 따라 달라질 수 있습니다. 그래서 우리들은 실력 있는 좋은 선생님을 필요로 하는 것이겠지요.

20세기 객관식·주입식 교육의 종말을 예고하는 논술과 토론은 그 출발이 정말 거창한 것 같습니다. 그러다보니 사회를 들끓게 하고, 혼란스럽게 하고, 혼동되게 합니다.

그 중 가장 혼동되는 것은 바로 '강사의 문제'입니다. 그 중에서도 가장 중요한 것은 '강사가 수업을 이끌 수준의 문제'라 할 수 있습니다.

그러면 어떤 자질을 갖춘 선생님이 훌륭한 논술선생님일까요?

우문현답(愚問賢答)을 드린다면 주관식으로 생각하고 주관식으로 평가하고 주관식으로 실천할 수 있는 선생님이 가장 위대한 논술선생님입니다.

객관식의 굴레를 과감히 벗어버리고 주관식의 옷으로 갈아입은 선생님, 객관식 시대에서 저질러 왔던 오류의 수렁, 정반대 대치점에서 발상하고 오류를 해결하려는 선생님이 가장 위대한 논술선생님입니다.

주관식에 숨어 있는 창의력을 극대화시키고, 그 창의력을 현실화시키기 위해서 논리성을 갖추게 하고 문제해결능력을 극대화시킴으로써 미래지도자로 성장할 수 있는 토양을 만들어주는 선생님이 가장 위대한 논술선생님입니다.

이야기를 하고보니 혹여나 구호로 그칠까 봐 나름대로 그려보았던 논술선생님의 모습을 구체화시켜 보도록 하겠습니다.

첫째, 모든 아이들의 수준과 상황은 다르다는 것을 인정하고 수업을 준비하는 선생님이 훌륭한 논술선생님입니다.

왜냐하면 객관식 수업에서는 모든 아이들이 똑같은 답을 찍을 수 있도록 교육하면 되지만, 주관식 수업은 아이들이 각각 다르다는 것을 인정할 때 비로소 주관식 수업이 되기 때문입니다.

영어를 가르친다고 생각해 봅시다. 똑같은 시간에 똑같은 선생님이 똑같은 책으로 가르쳤다고 모든 아이가 똑같은 수준을 유지할까요? 불가능합니다.

피아노 교습을 생각해 봅시다. 똑같은 날 동시에 들어왔다고 한 달 뒤의 실력이 같을 수 없는 겁니다. 그러면 피아노 교습소에서는 어떻게 합니까? 각자의 실력에 맞추어 다른 교실에서 다른 수업을 받습니다.

논술도 똑같습니다. 각각 다른 능력의 학생에게 다른 교육 환경을 준비해 주는 선생님이 진정한 논술선생님입니다.

10명이면 10명, 100명이면 100명이 모두 다르게 교육환경을 설정하는 것이 올바른 방법입니다. 그러려면 한 아이, 한 아이를 분석해야 하고 거기에 맞는 교안을 따로 만들어야 할 테니 일이 굉장히 많을 것입니다. 그래서 논술은 선생님의 관심과 손때가 많이 묻어야 하는 교육입니다.

둘째, 원인과 과정을 중시하고 칭찬을 실천하는 선생님이 훌륭한 논술선생님입니다. 아이가 달려와 선생님의 연필을 빼앗아 갔다고 상황을 설정해 봅시다. 그러면 '너는 왜 그렇게 싸가지 없게 구니.'라고 아이의 행동에 다른 결과에 치우칠 것이 아니라 '이 아이가 나에게 관심을 가져달라고 하는 것이구나.', '내가 아이들에게 관심을 제대로 표현하지 못했구나.'라고 원인을 정확하고 올바르게 분석할 수 있는 선생님이 훌륭한 선생님입니다.

이렇게 원인을 올바로 분석할 수 있는 선생님은 아이들에게 칭찬을 할 수밖에 없을 겁니다. 다시 말하면, 아이에게 자신감을 가질 수 있도록 환경을 만들 수 있는 선생님이 진정한 논술선생님입니다.

아이가 문제를 풀어 왔는데 답이 안 맞았다고 야단치는 선생님이 아니라 원인과 과정은 어떠했고, 결과에서 어떤 실수가 있었는지 분석하여 아이의 부모와 상담하고 아이를 위해 어떻게 노력할 것인지를 약속하고 실천하는 선생님이 진정한 논술선생님입니다.

셋째, 재미가 있으면서 교육목표를 분명히 설정할 수 있는 선생님이 훌륭한 논술선생님입니다.

재미는 없고 목표와 의도만 있는 교육은 죽은 교육입니다.

그러나 반대로 재미만 있고 교육목표가 없는 교육도 죽은 교육입니다.

하나의 예를 들어 보겠습니다.

NIE(신문활용교육)는 논술교육에서 흥미를 유발하고 교육적 성취감도 있는 교육법입니다. 그러나 초등학교 고학년 학생들이 이것을 재미있어한다고 계속하면 나중에는 미술시간으로 전락할 위험성이 있습니다. 본말전도(本末顛倒)라고, 논술 시간이 아니라 꼴라쥬(여러 재료들, 색지나 인쇄된 종이, 패브릭, 끈 등을 캔버스나 널빤지 위에 붙여 창조해 낸 그림) 시간이 되는 것이죠.

교육이라면 교육다워야 하는 것이요, 한계를 뛰어넘고 발전하는 성취감도 있어야 하는 것 아닙니까?

그렇기 때문에 재미도 있으면서 교육목표를 성공적으로 성취할 수 있도록 한 학생 한 학생에게 맞는 교육 단계를 설정해 줄 수 있는 성실하고 창의적인 선생님이 진정한 논술선생님입니다.

제가 이런 말을 하니까 여러 사람들이 반문합니다. 당신은 정말 그러냐고, 이론처럼 그런다면 신(神) 아니냐고 말입니다. 그러면 제가 반문하겠습니다.

"우리는 교육학을 왜 공부하는 겁니까? 학위 따기 위해섭니까? 현실에 적용하고 실천하기 위해섭니까?"

저는 선생님이라면 지행합일(知行合一), 이론과 실천이 동일해야 한다고 생각합니다. 이론은 이론으로 그쳐야 하는 것이 아니라 현실화할 때 그 의미가 있는 겁니다.

그래서 저는 언제나 이렇게 답변합니다.

"네! 저는 그렇게 합니다. 그렇게 하려고 애씁니다. 그리고 이 일은 제가 특별해서 저만 할 수 있는 일이 아닙니다. 우리 모두가 할 수 있는 일입니다. 선생님이기에 해내야 하는 일입니다."

그래도 힘들 것 같다고요?

제 이야기가 정 그렇게 못 미더우면 우리 한 번 이런 꿈이라도 꿔보는 건 어떻습니까? '올바른 논술선생님이 탄생하는 위대한 꿈' 말입니다. '이 땅에 올바른 교육이 자리 잡도록 노력하는 올바른 논술선생님의 탄생' 말입니다.

꿈이라도 얼마나 행복한 꿈입니까!

아이들에게 가지고 있는
편견에서 벗어나기

우리 아이는 너무 산만해요

"우리 아이는 너무 산만해요!"

상담하러 오신 부모님들이 저에게 가장 많이 하는 말입니다.

이런 이야기의 주인공이 처음 우리 교육원에 오는 날이 되면 저는 걱정스런 마음이 앞선 채로 아이를 맞이합니다. 그러나 "우리 아이는 너무 산만해요."로 표현된 아이들은 부모님들의 말과는 달리 의외로 밝은 아이들이었습니다.

물론 개중에는 지나치게 밝은 아이도 몇 있었습니다만, 대부분은 누구든지 인정할 수 있을 정도로 밝은 품성의 아이들이었습니다. 그러니까 결론적으로 말하면 '우리 아이는 너무 산만해요.'라는 부모님들의 걱정은 기우인 경우가 많았다는 것입니다.

제가 볼 때 산만하다는 평을 듣는 아이들은 오히려 칭찬을 받아야 할 아이들입니다. 왜냐하면 '산만하다'는 평을 듣는 아이들을 제가 가르쳐 본 결과 다른 아이들보다 사물이나 사건에 관심이 많고 그 관심을 겉으로 드러내는, 어떻게 보면 용기 있는 아이들이었기 때문입니다.

우리 어른들은 자기가 살아온 시대의 경험을 통해 아이들을 바라보고 평가하려는 위험한 출발을 서슴없이 합니다. "우리 아이는 너무 산만하다."는 평도 이 위험한 출발선상에 서 있는, 즉 어른의 눈에 맞추어진 평가가 아닌가 하는 것이 제 개인적인 의견입니다.

21세기를 이끌어 갈 지금의 아이들은 우리 어른들이 컸던 시대처럼 우선 양보하고 격식을 차리며 겸손해야 하는 세대가 아닙니다.

오히려 빠른 시간 안에 상황을 판단하고 어떤 일에 부딪쳐도 주체적으로 결정하는 능력이 인정받는 시대, 그래서 판단과 행동이 일치하는, 누가 보더라도 적극적이고 용기를 겉으로 나타낼 줄 아는 사람이 인정받는 시대를 살아갈 아이들입니다. 많은 것에 관심을 가지고 겉으로 표현하는 능력이 있는 사람이 인정받는 시대라는 거죠.

이제 "우리 아이는 너무 산만하다."라는 표현은 "우리 아이는 너무 많은 것에 관심이 있고 겉으로 표현하려는 욕구가 강한 아이예요."라는 표현으로 바뀌어야 합니다.

【생각 바꾸기】

"우리 아이는 너무 산만하다."라는 판단을 내리는 데 있어 어른들이 쉽게 빠졌던 함정은 무엇이었을까요?

가장 큰 함정 하나가 바로 아이들이 경험하고 있는 '경험의 양'에 대해 부모들이 인정하지 않았다는 것입니다.

우리 어른들이 살아온 시대보다 훨씬 복잡한 시대에 사는 우리 아이들은 하루에도 엄청난 양의 경험을 합니다.

그러나 어른들은 지금 시대가 엄청 바쁘게 돌아가고 복잡하게 얽히고 설켰다는 것은 인정하면서도 그 속에서 우리 아이들이 얼마나 많은 양의 경험을 하는지에 대해서는 인정하지 않는 경우가 많습니다. 그렇기 때문에 "우리 아이는 너무 산만하다."라는 잘못된 판단을 하고, 아이들 가슴에 못을 박을 수 있는 표현을 쉽게 쓸 수 있었던 것입니다.

올바른 판단을 내리기 위해서는 우리 어른들이 성장하던 시대보다 지금 시대의 아이들이 훨씬 많은 경험을 한다는 것을 인정해야 합니다. 그럴 때 비로소 '아! 아이들이 왜 그렇구나, 왜 그랬구나.'라는 판단을 할 수 있고 바른 방법을 찾아낼 수 있습니다.

그런데 우리 아이들은 왜 어른들이 볼 때 '산만하다'라고 비추어졌을까요?

아이들이 표현하는 힘으로 작용하는 것은 경험입니다. 많은 경험이 있을수록 아이들의 표현하고 싶은 욕구는 강해집니다. 그런 반면 표현하는 훈련은 미흡한 상태에 놓여 있습니다. 그러다 표현해야 할 상황이 오면 아이들은 표현하고 싶은 욕구가 강하기 때문에 급하게 서두르게 되고 두서없이 마구 쏟아내게 됩니다.

그렇기 때문에 듣는 어른들은 당혹스럽고 '우리 아이는 산만하고 표현이 제대로 안 된다.'는 걱정으로 이어지게 되는 것입니다. 많은 경험 중에서도 취할 건 취하고 버릴 건 버리며 정리하는 연습이 되어야 했는데, 우리의 아이들은 아직 그 훈련이 되어 있지 않다 보니 논리적이지 못했던 겁니다.

정리하면 우리 아이들은 사실 산만했던 것이 아니라 다양한 경험을 하고 있었던 것이고, '표현하고자 하는 욕구가 표현할 수 있는 능력을 앞섰던 것'

이지 다른 근본적인 문제가 있었던 것은 아니란 이야기입니다.

그러므로 아이들을 바라보는 우리의 시선은 이렇게 바뀌어야 합니다.

"우리 아이는 너무 산만해요"가 아니라 "우리 아이는 지금 많은 경험을 하고 있어요. 그래서 표현능력을 키워주려고 해요!"로 말입니다.

우리 아이는 컴퓨터 게임에 빠져서 책을 안 읽어요

이 질문은 고학년일수록 많이 듣는 내용입니다. 아이 표현력이 떨어지는 것 같아 책을 사다줬는데 전혀 읽지를 않는다는 것이지요. '손에 들고 다니는 것은 만화책뿐이고 컴퓨터 게임에만 빠져 있어서 정말 걱정이 태산 같다.'는 말들을 많이 하십니다. 내일 모레 중학생이 되는데 말이죠!

그러나 저는 이 질문은 문제 인식의 출발부터 바뀌어야 하는 질문이라고 이야기합니다. 왜냐하면 아이들은 '컴퓨터에 빠져서 책을 안 읽는 것'이 아니라 '책에 흥미를 잃어서 컴퓨터로 빠지는 것'이기 때문이죠. 선후가 바뀐 문제 인식으로 인해 제대로 된 분석을 할 수 없는 것입니다.

그럼, 아이들이 책을 읽지 않는 이유가 뭘까요? 아래에 제시한 다섯 가지 이유를 잘 읽어보고 어떤 경우에 해당하는지 생각해보시기 바랍니다.

첫째, 수준을 고려하지 않은 책을 사주기 때문입니다.

아이의 수준을 고려하지 않은 책 선정은 아이를 비 주체로 만들어 버립니다. 대상으로 전락한 아이에게 책은 어떤 의미가 있을까요?

아이의 수준을 고려하지 않았다는 것은 아이와 깊은 교감을 갖고 있지 않았다는 것이요, 애초에 아이가 책을 피할 수밖에 없는 조건을 미리 만들어 놓은 것입니다. 이렇게 되면 아이에게 '책은 나와는 먼 것'이라는 생각이 자연스럽게 들지 않겠습니까?

둘째, 한꺼번에 많은 책을 사주기 때문입니다.

'우리 아이, 책 좀 읽혀야겠다.'는 욕심에 너무 많은 책을 한꺼번에 사주는 것은 아이에게는 '저거 언제 다 읽나.' '움메 기죽어'가 될 수밖에 없지요. 독서는 정복할 수 없는 거대한 산처럼 느껴질 것입니다. 맛있는 반찬도 너무 많이 주면 그 맛이 반감되듯이 우리 어른들이 그 양을 어떻게 조절하느냐에 따라 책읽기가 정말 맛있는 일이 될 수도 있고 맛없는 일이 될 수도 있을 것입니다.

여기서 여러분께 한 가지 질문을 하겠습니다. 여러분은 어렸을 때 부모님이 사 주신 문학전집을 다 읽으셨나요? 책장에 그대로 먼지 수북이 쌓인 채, 첫 페이지도 넘겨보지 않은 채 그 방을 아름답고 고귀하게 장식하다가 어디론가 팔려간 건 아닌가요?

그 가난한 시절에 왜 우리 방에는 그 많은 책이 쌓여 있어야 했고 나중에는 읽지 않는 장서로 전락해야 했을까요?

간단하게 이야기하면 아이의 수준을 고려하지 않고 책을 선정하여 너무 많은 양을 구입하여 아이를 주눅이 들게 했기 때문입니다. 우리가 걸어 온 길을 아이들에게 걷게 해서는 안 될 것입니다.

셋째, 단계 설정을 안 하고 마구 사주기 때문입니다.

부모님들은 전문 독서지도사가 아닙니다. 전문적인 지식이 없으면 단계 설정은 없고, 오히려 읽히려는 목표는 분명해집니다. 읽히려는 목표만 분명하다는 것은 아이들에겐 강요하는 환경이 되겠죠.

논어, 맹자를 이해하려면 천자문부터 이해해야 하고, 영어를 하려면 ABCD를 알아야 해낼 수 있는 것 아닙니까? 책에도 수준이 있고 아이의 수준에 따라 선택해야 할 책의 단계도 있습니다. 읽히려는 목적만 내세우면 아이는 책에서 더욱 멀어집니다.

① 글자 크기, ② 글자 수, ③ 내용 , ④ 아이의 학년, ⑤ 어휘 사용 능력 등을 고려하여 책을 선택하면 이런 문제는 해결될 것입니다.

넷째, 스스로 사게 하지 않기 때문입니다.

독서 능력을 올려주기 위한 출발인 '책 선택'에서부터 떠주는 걸 먹어야 하고 던져주는 걸 읽어야 한다면 아이는 이미 주체가 아닙니다. 그렇게 되면 선택권이 없으니까 아이에게는 평소에 '읽고 싶은 책'을 생각해 둘 필요도 없고 더 나아가 표현권도 차단당할 테니 굳이 머리 속에 있는 생각을 겉으로 표현할 필요성도 느끼지 못하게 되는 것이지요.

독서 능력을 올려주기 위한 출발은 '책 고르기'부터입니다. 자기가 읽고 싶은 걸 선택할 수 있고 좋은 책을 고를 수 있는 능력을 길러 주지 않으면 독서 능력은 길러지지 않습니다.

다섯째, 컴퓨터 관리를 부모가 직접 하지 않기 때문입니다.

아이의 관리에 있어 독서 관리든 컴퓨터 관리든 부모가 직접 해야 합니다. 이게 무슨 말이냐고요? 책을 읽으라고 강요받고 아이는 책을 읽었는데 책을 읽고 난 후 검토해 주고 칭찬해 줄 사람이 없으면 아이에게 독서는 과연 어떤 의미일까요? 아이에게 칭찬받지 못하는 일은 어떤 의미가 있을까요?

그렇기 때문에 부모가 끝없는 관심을 갖고 노력할 때, 그때에야 비로소 독서의 의미가 바로 세워질 수 있습니다.

독서는 취미가 아니라 습관입니다. 선택이 아니라 삶 그 자체여야 한다는 것입니다. 아이에게 독서는 아직 삶도 아니오, 습관도 아닙니다. 그러기에 습관이 되고 삶이 되도록 관리를 해주어야 할 것입니다.

습관이 축적되어 떼려야 뗄 수 없는 삶의 일부분이 될 때까지 부모가 관심을 갖고 도와주지 않으면 독서는 습관화되지 않습니다.

컴퓨터도 마찬가지입니다. 아이가 컴퓨터에서 책으로 돌아서게 하기 위해선 부모의 관심이 절대적입니다. 아이는 이미 책에서 흥미를 잃고 컴퓨터로 간 상태이기 때문에 각별한 지도와 관리가 없으면 돌아오지 않습니다.

컴퓨터에서 아이가 멀어지게 하려면 부모와 아이가 공유할 수 있는 공개된 공간에 컴퓨터를 두셔야 합니다. 그리고 정해진 시간만 할 수 있는 절제 능력을 키워줘야 합니다. 또 컴퓨터 외에 취미를 만들어 주어야 합니다.

이 모든 것은 매일 점검해야 합니다. 부모가 매일 아이에게 관심을 가지고 점검하면서 컴퓨터의 이용을 올바른 방향으로 서서히 바꾸어 나가지 않으면 아이는 절대로 컴퓨터에서 멀어질 수 없습니다.

【생각 바꾸기】

제가 여기서 자꾸 '관리', '관리' 하니까 아이의 생활 전체에 또는 아이의 생각에 관여하라는 것으로 아실 수도 있는데, '관리'와 '관여'의 차이를 정확하게 아셔야 합니다. 아이의 창조적이고 도전적인 생각과 태도를 관리하고 키우라는 것이지 아이의 생각에 관여하여 부모의 생각에 맞춰지도록 키우라는 것이 아닙니다.

컴퓨터 이야기가 나와서 한 마디 더 덧붙인다면 우리가 살던 시대에 컴퓨터의 의미와 지금 아이들에게 컴퓨터의 의미는 완전히 다르다는 사실을 아셨으면 하는 것입니다. 아이들에게는 컴퓨터가 필요할 때 이용하는 도구의 개념을 넘어선 물건입니다. 완전히 생활의 일부분으로 자리를 잡은 상태라고 보시면 됩니다. 앞으로는 인터넷이라는 말이 없어진다지 않습니까! 왜냐하면 눈을 뜨면 공간에 상관없이 어디서나 인터넷은 기본적으로 되는 세상이 이미 오고 있기 때문입니다.

물론 컴퓨터는 도구이며, 순기능과 역기능이 동시에 공존합니다. 우리 어른들은 컴퓨터에 있는 게임을 역기능 쪽으로만 보지만 원래 컴퓨터의 게임이 개발된 계기는 컴퓨터를 좀더 쉽게 접근하게 하기 위해서였다고 합니다. 그러니까 아이들에게 '게임을 통해 어떻게 컴퓨터 시대에 맞는 능력을 갖추도록 하느냐.'가 중요하지 '컴퓨터를 하니까 문제가 된다.'가 되어서는 안 될 것입니다.

저는 스타크래프트를 보면서 '저걸 어떻게 경영마인드가 형성될 수 있도록 교육적으로 사용할까'를 고민한 적이 있습니다. 불후의 명작 '삼국지'를 읽다가 대부분 사람들이 포기하는 이유는 '삼국지'에 등장하는 인물의 이름이 많아서라는데, '삼국지 게임'을 하고 나면 등장인물의 이름이 저절로 외워져서 책 읽는 것을 중도에 포기하는 일은 없지 않을까라는 생각을 해본 적도 있었습니다. 결국 모든 것은 제대로 활용하는 데에 달려 있는 것 아닐까요?

황당한 질문을 많이 해요

이 질문은 어린 학생을 자녀로 둔 부모님들에게서 자주 듣는 질문입니다.

"우리 아이는 어떨 때 보면 황당하고 엉뚱한 질문을 많이 해서 당혹스러울 때가 많아요."라고 표현들을 하십니다. 아이들이 대체로 어떤 질문을 하기에 '엉뚱한 질문 또는 황당한 질문을 많이 한다.'고 우리 어른들은 이야기하는 걸까요?

가만히 우리의 생각 속을 들여다 보면 아이가 우리 어른들이 대답하지 못하는 어떤 질문을 할 때, 또는 어른들이 상상하지 못하는 질문을 할 때, 우리 어른들은 '엉뚱하다. 황당하다'라는 평가를 내렸었다는 것을 금방 생각해낼 수 있습니다.

그러니까 어른들은 아이들과의 대화에서 대답할 수 없거나 대답하기 힘든 아주 당혹스러운 상황에 빠지게 되면 성심성의껏 해결하기보다는 '이 놈 엉뚱하네!(황당하네!)'라는 임기응변적인 표현으로 대치했다는 것이고, 마치 아이에게 무슨 문제가 있는 것처럼 표현함으로써 문제의 본질을 왜곡시켰다는 것입니다.

그래서 '엉뚱하다. 황당하다'라는 표현을 뒤집어 보면 '아이의 질문에 지식으로 대처하지 못했다.'라는 또 다른 미해결 문제가 숨어 있는 것입니다.

결론적으로 말하면 이제 '우리 아이는 황당한 질문을 많이 해요!'가 아니라 '아이가 질문하는 것을 전문 지식이 없어 대답하기가 어려워요'로 바뀌어야 하고 '아이가 읽는 책을 같이 읽어야겠어요.'로 바뀌어야 합니다.

【생각 바꾸기】

아이들의 질문이 쏟아지는 시간은 주로 저녁 식사시간입니다. 아이들이 황당하다고 왜곡되고 조용히 밥만 먹으라고 야단맞는 시간도 이때입니다.

우리나라 사람들은 식사시간만 되면 대화에 참 인색해집니다. 저녁식사시간은 하루 종일 떨어져 있던 식구들이 한 자리에 모이는 자리로 가족공동체임을 느끼는 자리이며 대화의 자리입니다. 그래서 자연스럽게 하루의 경험들을 이야기하고 더불어 부모와 자식간의 사랑도 확인하고 그 사랑의 마음을 전달하는 소중한 시간입니다. 아이들이 그 시간이 기다려져야 당연한 것이요. 끝없는 질문이 나와야 정상적인 가정이라 할 수 있을 것입니다.

그런데 우리나라 어른들은 밥조차 먹기 힘든 시대를 거치고 '싸우며 건설하자'고 쉴 새 없이 몰아치던 불도저 세대들이라 그런지 밥 먹을 땐 무조건 조용히, 식사시간은 '빨리 빨리'라야 정상이더라고요.

그러다 보니 언제나 밥 먹을 때는 엄숙해야 하고 질문이나 대화는 해서는 안 되는 것처럼 굳어졌어요.

이제 다양화 시대, 개방화 시대, 민주화 시대에 살아갈 우리 아이들을 위해서라도 식사시간은 밥상공동체가 되는 시간으로 만들어야 합니다. 동시에 질문과 답변이 살아 있고, 자신의 의견이 정당하게 대접받는 대화와 토론의 공동체의 시간으로 거듭 태어났으면 좋겠습니다.

깊이 생각하는 것을 싫어해요

"요즘 아이들은 깊이 생각하지 않고 너무 싸가지가 없다."라는 표현은 너무 나도 많은 사람들에게 듣습니다. 우스운 말로 폼페이 목욕탕 벽이나 이조 궁궐 화장실에도 '요즘 아이들은 싸가지가 없다.'는 낙서가 있다고 하더군요.

'싸가지 없다'는 표현은 참으로 오랜 역사를 갖고 있는 것 같습니다. 우리 어른들이 싸가지 없다고 평가하는 대학생들도 자기 아래인 고등학생들을 보고 이 말을 사용한다고 하니, 인류가 존재하는 한 이 표현은 앞으로 계속되지 않을까 생각합니다.

그런데 요즘 아이들은 왜 그렇게 싸가지가 없어 보이는 걸까요?

그건 요즘 아이들은 어떤 질문에나 냉큼 답변을 하는 태도를 대표적인 예로 들 수 있을 것 같습니다. 게다가 '예, 아니오' 형태의 단답식으로 답하기 때문에 더 그렇게 보이지요.

그러면 요즘 아이들은 왜 이렇게 깊이 생각하지 않고 바로 대답하고 단답식으로 쿨하게 표현하는 걸까요?

그건 바로 속도화 사회에 적응했기 때문입니다.

속도화 시대란 아날로그 시대에서 정보 통신의 발달에 따른 디지털 시대로의 변화를 의미합니다. 디지털 시대는 TV 광고에서 자주 보셨겠지만 0,1, 0,1, 즉 ○,×,○,× 체계로 되어 있습니다. 그러기에 엄청나게 빠른 지금 사회가 유지되고 있는 것이지요.

이 0,1, 0,1, ○,×,○,× 체계에는 거기에 맞는 표현법이 필요합니다. 그 표현법이 바로 '예, 아니오'입니다. 이런 속도에 적응하며 속도 사회를 이끌어야 할 사람들이기에, 지금 아이들은 그 체계를 자연스럽게 받아들이고 자연스럽게 밖으로 발산했던 것뿐입니다.

그러니까 결론적으로 말하면 아이들은 자기가 살아나가야 할 시대에 맞게 바로 이 '속도'에 적응하고 있었던 것뿐이지, 우리 어른들이 염려하는 것처럼 윤리적으로 또는 도덕적으로 정말 싸가지가 없는 아이들로 성장하고 있었던 것은 아니란 이야기입니다.

우리 어른들이 이기주의가 만연하고 사회에 대한 무관심과 정치적 냉소주의에 빠져 있다고 지금의 아이들을 바라보았지만 결과는 어떠했습니까? 그렇게 걱정했던 지금의 아이들이 월드컵에서, 효순이 미선이 미군 장갑차 여중생 사망 사건에서, 전 세계에 최초로 전자민주주의를 실현한 모습 등에서 자기 목소리를 당당하게 내는 멋진 아이들로 자라지 않았습니까! 미래를 이끌어갈 우리의 아이들이 전혀 문제가 없었다는 것을 증명하지 않았습니까! 우리 아이들, 사실 가만히 보면 정말 "싸가지 있습니다."

이제 우리는 "요즘 아이들은 깊이 생각하지 않고 너무 싸가지가 없어요."가 아니라 "요즘 아이들은 시대에 맞게 단답식으로 즉시 대답하지만 싸가지는 있어요."로 바뀌어야 합니다.

【생각 바꾸기】

지금의 아이들은 태어날 때부터 강렬한 색과 빠른 속도에 익숙해져 있는 세대입니다. 어떻게 증명할 수 있냐고요?

지금 아이들은 갓 태어나 눈을 뜨게 되면서 보는 것이 CF입니다. CF는 빠른 장면 전환과 강렬한 색을 바탕으로 구성되어 있습니다. 그래서 CF를 보다가 다른 방송을 틀면 아이가 막 울어대는 모습을 경험하셨을 겁니다.

이렇게 아이들이 자신도 모르게 속도에 적응하다 보니 드라마보다는 CF, 느린 노래보다는 속사포처럼 빠른 노래, 움직임 없는 무대보다는 율동이 넘치는 화려한 쇼, 재미없는 책보다는 다양하고 즐거운 만화와 컴퓨터에 가까울 수밖에 없는 것입니다.

그래서 요즘 아이들의 교육환경은 멀티미디어를 기반으로 한, 시청각적이고 빠르고 총체적이고 민주적인 교육환경으로 보장되어야 하는 것입니다.

우리 어른들은 공부할 때 손으로 쓰고 입으로 외웠지만 지금 아이들은 눈으로 보고 눈으로 외웁니다. 그러기 때문에 이러한 교육환경의 배려는 더욱 중요합니다. 즉, 열린 공간 속에서 빠른 시간에 많은 지식을 전달받을 수 있는 환경을 만들어 주어야 하는 것입니다.

열린 공간이란 교사는 일방적으로 가르치고 학생들은 배우기만 하는 공간이 아닙니다. 가르치는 사람도 배우는 사람도 모두가 교육의 주체가 되는 환경을 말하며, 많은 시간이 소요되지 않으면서도 교육효과가 높고 접근이 용이한 매개체를 통한 교육과 모두의 의견이 존중되는 시스템을 의미합니다.

간단히 정리하면 영화나 시청각 자료를 통해 교육하는 것이 효과가 있으며, 교육 시스템은 모두가 주체로 인정받을 수 있는 토론이어야 한다는 것입니다.

책을 고르라 하면 만화책만 골라요

"우리 아이는 책방에 가면 만화책만 골라요! 교수님이 하라는 대로 스스로 고르게 하고, 만화책을 골라도 아무 소리 안 하긴 하는데, 속에선 울화가 치밀어 오르고, 참……."

많은 부모님들이 걱정하시는 내용입니다.

그런 전화가 걸려 온 지 며칠되지 않아서 그 부모님이 밝은 목소리로 다시 전화가 왔습니다.

"아이와 길을 가는데, 아주 어려운 한자가 나왔거든요. 그런데 아이가 그걸 읽는 거예요. 그래서 "너 그걸 어떻게 알았어?" 하고 물으니까 대답이 "며칠 전에 산 만화책에서 본 거야." 그러더라고요. 만화책이 나쁜 건만은 아닌가 봐요. 교수님 말 대로 했더니 참 놀라워요."

아이가 본 만화책은 무엇이었기에 길에 쓰인 어려운 한문을 읽을 수 있었던 것일까요? 아마 요즘에 유행하는 '마법 천자문'이었을 겁니다.

아이가 그 만화책을 고르게 된 이유는 크게 두 가지로 분석될 수 있습니다.

하나는 다른 아이들이 모두 가지고 있었기 때문에 골랐을 거고, 또 하나는 그 책이 아이의 시선을 끌었기 때문일 겁니다.

책을 보면 아이들의 시선을 끌 수밖에 없겠구나 하는 생각이 듭니다. 우선 컬러풀한 그림이 예쁘게 캐릭터화 되어 있고, 내용과 자연스럽게 연관되면서도 한문이 나올 때는 큰 글자를 사용했으며, 아주 적은 양의 한자가 수록되어 습득하기에 무리 없고 거부감이 생기지 않게 되어 있습니다. 이런 책인데 어떻게 아이들이 안 사 보겠습니까?

아이들 사이에서 베스트셀러인 만화 '그리스 로마 신화'도 마찬가지입니다. 이 책 역시 아이들이 쉽게 읽을 수 있도록 내용을 순화시켰고, 아이들이 좋아할 요소들을 모두 갖추고 있었습니다.

그렇다면 이 책들은 충분히 지금의 아이들이 가지고 있는 특성을 분석하고 출판을 했다고 보아야 합니다.

그럼, 우리 아이들의 특성은 과연 무엇일까요?

지금 세대는 화려한 컬러와 속도에 잘 적응되어 있는 영상세대입니다. 태어날 때부터 TV 앞에서 자라기 때문에 붙여진 이름이죠. TV 등 다양한 미디어에 의해 훈련된 아이들은 긴 시간이 소요되거나, 지리한 전달 방법을 좋아하지 않습니다. 이 특성에 맞는 것이 영상매체 또는 만화책입니다.

만화책은 글자도 많지 않으면서 짧은 순간에 여러 감정을 느낄 수 있는 예술 장르입니다. 만화는 순간에 많은 내용을 전달하는 장점을 가진 매체이기 때문에 아이들이 선호하는 것입니다. 그러니까 너무 거부하지 마시고 만화책을 이용하는 방법을 연구해 보세요.

그렇지만 아무래도 만화책은 안심이 안 되신다고요?

그렇게 걱정 안하셔도 됩니다. 만화책을 만드는 출판사와 저자들 역시 이런 교육적 효과에 대한 고민을 충분히 하고 있기 때문입니다. 앞으로는 질적으로도 더 훌륭한 만화책이 더 많이 만들어질 것입니다. 만화책을 못보게 하는 게 아니라 좋은 만화책을 고르는 데 시간과 노력을 들이시면 됩니다.

구더기 무서워 장 못 담그는 실수보다는 장 담그고 구더기가 안 생기도록 살피고 관리하고 처방하는 것이 훌륭한 선택일 것입니다.

우리 아이는 글쓰는 걸 싫어해요

부모님들은 아이에게 글쓰기를 시켜야지 하고 생각하면 제일 먼저 일기를 쓰게 합니다. 그러나 아이들은 이 일기 때문에 글쓰기를 포기한다는 것을 아십니까? 일기쓰기가 왜 아이들의 글쓰기를 가로막고 있는지 몇 가지 분석을 해보도록 하겠습니다.

첫째, 아이의 수준을 판단하지 않았기 때문입니다.

일기쓰기는 낮은 수준의 글쓰기가 아닙니다. 제목 정하기, 맞춤법, 띄어쓰기, 부호 사용, 내용의 발전, 완성도 등 완결성이 요구되는 높은 수준의 글쓰기인데 부모님은 간단하게 일기쓰기를 지시합니다.

그러나 우리 아이가 어떤 수준인지 아십니까? '손목 힘이 없는 수준'입니다. 힘도 없는데 내용까지 만들고 완성시켜야 하니 얼마나 힘들겠습니까!

연필세대인 우리 어른들은 손목 힘은 있고 어깨 힘은 없지만, 자판세대인 지금 아이들은 어깨 힘은 있고 손목 힘은 없습니다.

둘째, 발전 단계를 설정하지 않았기 때문입니다.

일기를 쓰기 위해서는 가장 기초 단계가 손목 힘을 키우는 것이지만 그것이 해결되었다고 해서 바로 내용으로 들어가면 아이는 또 금방 포기하게 됩니다. 지금의 아이들은 하루 경험하는 양이 많기 때문에 어떤 걸 써야 할지도 모르고 또 그걸 정리하고 선택하는 능력도 훈련되어 있지 않습니다. 그렇기 때문에 내용 표현하기로 바로 들어가면 실력으로 쌓이는 양보다 거부하고 토하는 양이 더 많습니다. 다음 단계는 경험한 내용을 정리하는 단계, 즉 제목

정하는 능력이 키워져야 합니다. 그리고 거기에서부터 쏟아져 나오는 생각들을 발견하고 연결시키는 단계로 발전시켜야 무리가 없습니다.

셋째, 칭찬을 하지 않았기 때문입니다.

바로 이것이 아이들이 일기쓰기로 인해 글쓰기를 포기하는 가장 큰 이유입니다. 아이들은 언제나 부모에게 칭찬받기를 원합니다. 그래서 부모가 시키면 성심성의껏 처리하려고 합니다.

글쓰기도 마찬가지입니다. 아이들도 글쓰기를 잘 하면 칭찬 받는다는 것을 잘 압니다. 그래서 처음엔 일기를 쓸 때 한 장 정도는 쉽게 정성껏 씁니다. 그리곤 나름대로 자신있게 가져옵니다.

그런데 보통 어떤 상황이 벌어지나요?

"니가 지금 몇 학년인데 맞춤법이 이 모양이냐, 띄어쓰기는 왜 이 모양이냐."

"글씨체가 이게 뭐냐!"

칭찬을 생각했던 아이에게 날아온 건 꾸지람뿐이니 이제 아이에게 남은 건 의욕 상실과 글쓰는 걸 피하는 일뿐입니다. 아이에게 글쓰기는 이제 야단맞는 일로 기억되고 자기가 잘할 수 없는 영역으로 결정되는 것입니다.

일기를 쓰던 편지를 쓰던 부모님의 시각에선 부족하더라도 칭찬을 아끼지 말아야 합니다. 그래야 아이는 자기가 칭찬 받을 수 있고 잘할 수 있는 영역이라는 생각에 더욱 매진하고 더 잘하려고 노력하게 됩니다.

넷째, 강요하기 때문입니다.

세상에 글쓰는 걸 좋아하는 사람은 극히 드뭅니다. 시를 쓰거나 소설을 쓰는 작가, 신문에 글을 올리는 사설위원이나 집필위원도 글을 쓰는 걸 힘들어하는데 하물며 아이들은 어떻겠습니까. 부모님들 역시 글을 쓰라고 하면 힘들어하는 분들이 대부분이실 겁니다.

글의 집필은 자유롭고 자연스러워야 합니다. 강요하면 이미 그것은 글이 아닙니다. 그건 폭력입니다.

강요하는 부모님부터 자신을 되돌아봅시다. 먼 곳에 있는 그리운 친구한테 편지 한 장 쓰라면 쉽게 써집니까?

안 써지시죠! 겁도 나고 말이죠! 본인도 그러면서 아이들한텐 매일 일기 쓰라고 강요합니다.

먼 곳에 가기 위해선 한 걸음을 떼어야 하고, 에베레스트를 정복하려면 치밀한 계획과 기초 체력이 있어야 성공하는 겁니다. 글쓰기에서 한 걸음이란 낮은 차원에서 준비하는 것, 다시 말해 문자로 자신의 생각을 표현하기 전에 해야 할 일들을 의미합니다.

자연스럽게 책읽기, 낙서하기, 엄마랑 메모 주고받기에서부터 자연스럽게 시작할 때 아이는 글을 두려워하지 않고 생활로 이해하게 되며, 나중에 글을 잘 쓰는 아이로 자랄 수 있습니다.

속독을 하면 논술을 잘하나요?

- 1994년 10월 21일–사망 32명 부상 17명
- 1995년 6월 29일 –사망 501명 부상 937명 실종 6명

위의 숫자는 각각 성수대교 붕괴와 삼풍백화점 붕괴 참사의 숫자입니다. 조급증과 안전불감증이 만들어낸 경종의 숫자입니다.

이 사회가 '싸우면서 건설하자'는 기치 아래 "빨리 더 빨리"를 외치며 산업화에 매달릴 때 보이지 않는 곳에서 벌어지고 있었던, 조만간 이 사회를 덮칠 검은 희생의 숫자였던 것입니다.

'퀵 퀵', '패스트 패스트'라는 조급증은 반드시 안전사각지대를 만들게 되고, 사회를 안전불감증에 걸리게 만듭니다. 그리고 그 결과는 수없이 많은 희생자를 만들어내는 것으로 종결됩니다.

우리 소중한 아이들의 교육환경은 과연 안전할까요?

잘못하면 셀 수 없는 희생자를 만들어 낼지도 모르는 아이들의 교육환경에 대해 생각해본 적이 있으신가요? 내 아이가 희생자가 될지 모르는 이 나라의 교육환경 말입니다.

이 질문에 자신 있게 "안전하다."라고 큰 소리로 외칠 사람은 아마 거의 없을 것입니다. 왜냐고요? 안전하지 않기 때문입니다.

왜 안전하지 않은 걸까요? 바로 어른들의 조급증과 상업주의 때문입니다.

어른들의 조급증과 상업주의는 사방팔방, 전방위적으로 아이들을 공격합니다. 그리고 그 공격은 다른 어떠한 것보다도 강력합니다.

어른들의 조급증과 상업주의가 만들어 날리는 수많은 파편은 아이들의 가

슴에 비수가 되어 꽂힙니다.

"논술 다 배우려면 얼마나 걸려요? 속독학원에서는 3개월이면 된다던데."

저에게 자주 물어 오는 질문 중 하나입니다.

논술을 다 배우려면 3개월이면 된다? 과연 그럴까요?

그런 분들에게 지면을 통해 제가 답변으로 드릴 수 있는 말은 단호히 "없다!"입니다.

우리 아이가 남의 아이보다 좀 더 빠르게 무엇인가를 익히고 남의 아이보다 좀 더 앞서고 좀 더 빛날 수 있었으면 하는 생각에서 그런 질문을 하는 부모님들 마음이야 십분 이해하지만, 질문에 담겨 있는 의도에 있어서는 단 한 꼭지도 동의할 수 없습니다. 왜냐하면 이 표현이야말로 부모의 조급증과 상업주의가 만나 빚어낸 대표적인 표현이기 때문입니다.

잘 기다리지 못하는 부모, 방향을 몰라 바쁘기만 한 부모의 마음에 3개월이면 욕구를 충족시켜 주겠다는 달콤한 약속의 광고 속에는 그 어디에도 우리 아이들의 미래가 없기 때문입니다.

고민의 중심이 부모의 욕구 충족에 맞추어져 있기 때문에 아이들이 희생당하는 것이 불 보듯 뻔한데 어떻게 동의할 수 있습니까?

특히 속독은 수렴적 능력(내부 속으로 받아들이도록 하는 능력)을 강화하는 기능 교육이기 때문에 논술화되기 위해서는 지난한 노력의 과정이 수반되어야 합니다. 결국 논술이 3개월 만에 된다는 결론인데, 이것은 부모들의 조급증을 이용한 상업주의일 뿐입니다.

아이들은 커가는 나무입니다.

아이들을 위한 교육은 실수가 허용될 틈이 없습니다.

커가는 나무의 가슴에 대못을 박고 나서 교육을 잘못했다고 뒤늦게 대못을 빼준들 가슴에 남은 그 상처가 쉽게 아물겠습니까! 어쩌면 영영 치료하지 못할 수도 있습니다.

아이들에게 상처를 주지 않기 위해서는 부모님들이 조급증에서 빠져나오셔야 합니다.

정확히 모른다면, 아니 정확히 안다 하더라도 부모님들이 조급증을 누를 수 있는 힘을 길러야 우리 아이들이 행복한 교육환경을 누릴 수 있습니다.

독후감을 많이 쓰면 논술 실력이 좋아지나요?

논술교육을 할 때 아이들에게 가장 많이 강요하는 행위는 무얼까요?

바로 독후감입니다. 독서를 했으니 당연히 독후감을 써야한다는 식이죠. 그러나 그 독후감이 우리 아이들의 생각을 갉아 먹고 생각을 죽이고 있다는 사실을 알고 계신지요? 알고 계셨다면 그렇게 독후감을 쓰라고 아이에게 강요하지는 못하셨겠지요.

독후감은 우리 아이들의 생각을 '틀에 짜인 생각'으로 만들어 내는 전형적인 20세기 글쓰기 유형입니다. 이제 독후감에서 21세기 글쓰기인 독서비평문으로 바꾸어야 합니다.

우리는 아이들에게 독후감을 어떻게 쓰라고 가르치고 있나요?

서론 – 읽게 된 동기

본론 – 내용 요약

결론 – 느낀 점 · 반성문

100명이면 100명, 1000명이면 1000명이 모두 천편일률적으로 똑같은 형식을 취합니다. 전국 어디를 가도 똑같은 전개 방식으로 글을 씁니다.

이런 획일적 글쓰기로 창의적인 우리 아이들의 생각을 얼마나 지켜줄 수 있으며, 다양한 아이들의 생각을 살려줄 수 있겠습니까?

더 나아가서 독후감은 일제가 우리나라를 원활하게 통치하기 위한 수단으로 사용된 이분법 교육 중 하나입니다. 즉, 독후감은 일제잔재라는 것이죠!

이런 '독후감'을 대신할 글쓰기가 바로 '독서비평문'입니다. 앞서 말씀드렸듯이 독후감이 20세기 글쓰기라면, 독서비평문은 21세기의 글쓰기입니다.

아이들을 위해서, 이 사회의 미래를 위해서, '독서비평문'이 빠르게 자리잡아야 합니다. 그럼으로써 창의적 논술 시대를 열어야 합니다.

'독서비평문'에 대해서 생소하실 테니 짧게 설명을 드리겠습니다.

'독서비평문'이란 '책을 읽고 난 뒤 평가하여 논한 글'이라고 짧게 정리할 수 있는데, 여기서 '비평'이란 '사물의 좋고 나쁨, 옳고 그름 따위를 평가하는 행위'를 말합니다.

그래서 '독서비평문'은 책 또는 내용의 좋고 나쁨, 옳고 그름을 자기 기준에서 출발하여 폭넓고 자유롭게 따져 나름대로 자기 평가를 담아낸 글이라 말할 수 있습니다.

독서를 하고 난 후 책의 내용을 감상하고 평가하는 출발점은 매우 다양합니다.

책을 읽으면서 왜 나쁜 느낌이 들었고 혹은 왜 좋은 느낌이 들었는지, 감동의 출발은 어떤 장면, 어떤 대사에서 시작되었고 어느 부분에서 작가가 전달하고자 하는 메시지를 강하게 받았는지, 내용 전체 흐름의 자연스러움, 시작과 끝맺음, 내용의 연관성, 사건의 긴밀한 연관관계, 주제의 가벼움과 무거움, 거기에 따른 결론의 회피, 등장 인물의 성격, 책을 덮고 난 뒤의 여운 등 그야말로 다양하고도 복잡합니다. 거기서부터 시작된 복잡하고 다양한 감정을 비판적 판단을 내리기 위해 솔직하게 표현하는 자유로운 글쓰기라 할 수 있습니다.

독서비평문 쓰기의 방법은 비평적 시각을 가지고 어느 한 부분을 집중적으로 부각시켜도 좋고, 전체를 논리적으로 결합시켜 자신의 생각을 드러냄으로

써 자신의 생각을 옹립해 나가도 좋은 방법이라 할 수 있습니다.

2004년 문화관광부장관상타기 전국초중학생 독서비평문대회 안양지역 예선 대회에 출전한 한 초등학교 3학년 학생의 글을 보고 저희 심사위원 모두가 감동한 적이 있었습니다. 그 학생의 글을 짧게 요약하여 소개하면,

"나는 책읽기도 싫고, 글쓰기도 싫고, 단 한 번도 글쓰기에서 상 받은 적도 없어서, 이 대회에 정말 참여하기 싫었어요. 학원 선생님이 상 받을지도 모르니까 나가자고 해서 억지로 나왔으니 할 수 없이 글을 쓰겠는데, 어차피 글 쓰는 거니까 작가 아저씨에게 두 가지만 따질게요. 아저씨, 이 책 아이들이 읽는 거 맞아요? 아이들이 읽는 책인데 왜 그렇게 싸우는 장면이 많이 나와요? 그러면 아이들 뭘 보고 배우겠어요! 그리고 아이들이 보는 책이라고 하고서는 왜 그렇게 어려운 말들이 많은 거죠? 아이들 보라고 쓴 거 맞아요? 내가 만약 작가가 되어 아이들을 위한 글을 쓴다면 쉽게 쉽게 쓸 거예요!"

글씨는 삐뚤빼뚤, 여기저기 고쳐 쓴 원고지는 지저분했지만, 그 내용을 읽는 우리 심사 위원들의 얼굴에는 밝은 미소가 드리워지고 마음까지 다 환해졌습니다.

글씨는 삐뚤빼뚤이었지만 마음은 올곧고 가지런한 아이.

원고지는 지저분해도 읽는 이의 마음마저 깨끗해지게 하는 아이.

그동안 이런 학생에게 상이 돌아가지 않았다니…….

빨리 창의적 글쓰기 환경이 자리를 잡지 않으면 이런 학생들은 계속 보호받을 수 없을 것입니다. 그리고 책 내용을 비판적으로 평가 하는 훈련이 되지 않은 학생이 좋은 책을 선택할 수 있는 힘이 생길 거라고 믿을 수는 없는 겁니다.

네 살에 태어난 악마

축석 초등학교 5학년 1반 홍다슬

나는 네 살에 태어난 악마의 주인공 재동이를 보고 재동이는 옳지 않은 행동을 했다고 생각했다. 처음에 나왔듯이 재동이는 동생이 태어나자마자 자신이 찬밥 신세가 되었다고 믿었다. 부모님이 자기를 싫어한다는 말도 하지 않았는데 말이다. 부모님이 자기 자식을 싫어한다는 것은 도저히 있을 수 없는 일이다. 어떻게 부모가 자식을 싫어하고, 미워하겠는가? 그것은 인간의 추상에 불과하다. 정말 이렇게 보면 재동이는 끝없는 추상 속에 갇혀 있는 것이다. …… 〈중략〉

강아지 똥

의정부 여자 중학교 1학년 4반 김예진

우리가 별 볼 일 없고 더럽게만 여겨졌던 똥을 이 책에서는 민들레가 예쁘게 필 수 있는 바탕으로 보고 기름진 퇴비가 되어 여러 야채들을 돌봐주는 좋은 이미지로 그려냄으로써 우리가 늘 더럽게 생각했던 똥에 대해 다시 한 번 생각할 수 있는 기회를 갖게 했다.

또한 이 책은 똥을 의인화하여 사람과 같은 존재로 환기시켰다는 것에 높은 점수를 주고 싶다.

왜냐하면 냄새나고 더러운 하등 존재라고 주변의 참새와 흙이 똥을

왕따시키는 부분이나 싸움을 하고 화해를 하는 부분에서 나의 주변을 돌아보게 했기 때문이다.

우리 반에도 씻지도 않고, 실어증에 걸려 성격도 소극적인 아이가 하나 있는데 그 아이에게 나도 다른 아이들처럼 곁을 주지 않았었다.

나는 이 책에 등장하는 참새나 흙 같은 역할을 나도 모르게 해왔던 것이다.

그 아이의 특징 또는 장점 등을 잘 알아내서 그 아이에게 따뜻한 말 한 마디라도 건네 줄 수 있는 그런 친구가 되고 싶다.

'강아지 똥'이란 책을 읽으면 세상 모든 만물에는 그 존재가 할 일이 있고 그 존재를 이 땅에 내려 보낸 이유가 있다는 것을 알게 한다.

별 장점도 없고 특출나지도 않은 나 같은 존재도 무언가 맡아 나갈 수 있는 자신감을 불러 일으켜 주는 추천할 만한 책이다.

[독서 비평문의 예]

내 영혼이 따뜻했던 날들

서울 무학 중학교 3학년 김보연

'내 영혼이 따뜻했던 날들'이라는 제목은 내 관심을 끌지 못했다. 처음 한두 페이지를 넘기면서도 책 내용은 가슴에 와 닿지도 않았다. 인물 성격도 그렇고, 극적인 사건도 없었고, 나와는 거리가 먼 시골 배경이라는 것 또한 흥미를 읽게 했다. 하지만 책장이 넘어갈수록 나는 시나브로 척박한 시골로 달려가고 있는 나 자신을 볼 수 있었다. 그리고 신기루처럼 나의 어렸을 때 모습이 어렴풋이 떠올랐다. 작은 것에도 호기심을 갖고 남의 눈치도 보지 않으며 있는 그대로 모든 사물을 받아들이던 그 때, 어느새 나는 '작은 나무'와 하나 되고 있었다.

'내 영혼의 따뜻했던 날들'에는 다양한 유형의 사람들이 나온다. 자신의 이익만을 추구하는 사람들과 가슴으로 타인을 이해하는 사람, 사랑의 의미를 모르는 사람들. 자신의 이익들만 추구하는 사람들은 '작은 나무'의 친척들이다. 그저 자신들의 이익만 따져 정이라고는 좁쌀만큼도 없는 사람들이다. 그러나 '작은 나무'의 할아버지와 할머니는 달랐다. 온전히 있는 그대로의 타인을 이해하고 보듬을 줄 아는 분들이었다. 또한 작은 나무에게 머릿속의 지식뿐만 아니라 남과 더불어 살 수 있는 지혜인 사랑도 일깨워 주셨다. 항상 '작은 나무'의 눈높이로 내려앉아 이해하며 아껴주고 사랑해 주셨다. 때론 미소와 눈물을 짓게 하는 이 책을 넘기면서 이해와 사랑은 같은 의미라는 것을 깨달았다. 사랑은 이해하는 것이고 상대의 모습 그대로를 받아들이는 것이다. 서로 이해하지 못하는 사람들은 서로 사랑할 수도 없으며, 서로 사랑하지 않는다면 이해할 수도 없을 터이다. …… 〈중략〉

칭찬하는 부모가 논술 잘하는 아이를 만듭니다

"칭찬은 고래도 춤추게 하는 힘이 있습니다. 그래서 우리는 칭찬을 아끼지 말아야 합니다. 아이들이 글에 대한 자신감을 갖지 않는데 글을 좋아하겠습니까? 칭찬을 통해 '아! 이게 내가 제일 잘할 수 있는 일이구나.' 하는 자신감을 줄 때 아이들은 글을 쓰고 싶어질 겁니다."

"제가 그동안 정말 아이에게 잘못한 것 같아요. 너무 칭찬에 인색했던 것 같습니다."

"이제부터라도 시작하시면 됩니다."

"오늘부터 아이가 조금 아니다 싶더라도 칭찬을 해야겠네요."

이 무슨 청천벽력 같은 이야기인가? 조금 아니다 싶어도 칭찬을 한다니? 내 이야기가 그렇게 들렸단 말인가?

"제 이야기는 그게 아닙니다."

"네? 그게 아니라고요?"

"네! 제가 이야기 하는 것은 아이가 조금 아니다 싶은데 억지로 칭찬하라는 것이 아닙니다."

"그러면 어떻게 하라는 건가요?"

"아이를 칭찬하려면 부모의 생각부터 바뀌어야 합니다. 아이가 조금 아닌데 억지로 칭찬하는 것은 허위요 기만입니다."

"그러면 야단치라는 건가요?"

"아이가 잘못하여 야단맞아야 할 부분은 야단을 맞아야지요. 아이가 아닌데 칭찬을 한다면 어떤 상황이 벌어질까요."

"글쎄요?"

"아이가 시끄럽게 막 나대는 상황에서 칭찬을 해야 한다고 생각해 보세요. 아이의 볼을 세게 잡아 비틀면서 "아이, 귀여워. 너 개구쟁이구나."라고 말한 다칩시다. 아이 눈에는 눈물이 글썽입니다. 아프게 볼을 꼬집으면서 칭찬하는 이율배반적인 행위가 거짓이 아니고 무엇이겠습니까?"

"네. 그렇겠네요."

"제가 이야기는 정말 칭찬받을 수 있을 때 아낌없이 칭찬해주라는 이야깁니다. 만약 아이가 막 나댄다면 그 아이를 칭찬할 수 있습니까?"

"없죠!"

"없죠! 그러면 '이 아이가 사물에 대한 관심이 많고 표현하려는 욕구가 강한 아이구나.'라는 생각하면 아이를 칭찬할 수 있습니까? 없습니까?"

"있죠!"

"네! 그렇습니다. 아이를 칭찬하기 위해서는 제대로 된 입장에서 생각하고 출발해야 칭찬할 수 있는 것입니다. 어른들이 칭찬할 수 있는 관점에 서 있지 않으면서 칭찬을 하려면 억지스러울 수밖에 없습니다. 아이들은 이런 거짓된 행동을 잘 모를까요? 혼나는 것보다 오히려 더 큰 상처를 받을 수 있습니다."

"그러니까 칭찬을 남발해서는 안 되겠네요?"

"칭찬을 남발해서는 안 되지만 인색해서도 안 됩니다. 다시 한 번 강조하지만 본인의 의식이 칭찬할 수 있는 의식으로 바뀌어져 있을 때 진정한 칭찬이 나올 수 있습니다. 칭찬의 힘이 진정으로 발휘될 수 있는 것입니다."

"어떤 사람이 이렇게 행동할 수 있을까요? 부모란 참 힘든 것 같아요."

"힘들어도 해야죠. 우리 아이들을 위한 일이니까요. 완벽하지는 않더라도 시도하는 것이 중요한 것이고 시도해야만이 또한 가능해질 수 있는 일입니다. 어떤 것도 시도하지 않았는데 이루어질 수 없는 것 아닙니까!"

· 제2부 ·
논술해부도

손목 힘을 키워라

분석

현상	① 글을 쓰라고 하면 금방 싫증을 내거나 힘들다고 투정을 부린다. ② 글을 잘 써 나가다가 중간에서 갑자기 끊긴다. ③ 원고지 한두 장 쓰는 것을 버거워 한다. ④ 연필 잡는 자체를 싫어한다.
지도 방법	■ 초급: 선긋기놀이 ■ 중급: 단어 받아쓰기 ■ 고급: 읽기 책 옮겨 쓰기

손목 힘을 키우는 것이 시작이다

지금의 아이들은 컴퓨터 세대이다. 아주 어릴 때부터 컴퓨터 앞에 앉아 자판을 두드리고 게임과 오락을 즐기는 세대는 손목 힘이 결과적으로 약할 수밖에 없다. 부모들이나 선생님들은 가끔 자신이 겪어 온 시대와 지금의 아이들의 시대를 동일시하는 경향이 있는데 그 속에서 아이들은 힘들어하고 보이지 않는 폭력에 시달리게 되는 것이다. 즉 어른들이 겪었던 어린 시절 생각으로 목표를 잡고 단계를 설정하면 지금의 학생들에게는 안 맞는 교육환경이 만들어진다는 것이다. 지금 시대는 학교에 가면 매일 맞춤법 띄어쓰기에 받아쓰기하고 잘못하면 나머지 공부에 선생님께 손바닥 맞던 시절이 아니고, 읽을 것이 없어 심심하면 교과서나 줄줄 읽어 내려가던 시절이 아니다. 여기서 우리는 역지사지(易地思之)라는 말을 안 꺼낼 수가 없다. 지나온 시간을 더듬어 생각해보면 어른들도 컴퓨터의 자판을 두드리기 위해서 얼마나 고생을 했는가! 익숙해지기 전까지 너무 힘을 주어 곧아오는 손가락과 결렸던 어깨를 생각해보면 지금 아이들의 입장을 이해할 수 있다. 안 쓰던 부위를 사용하면 얼마나 고통스러운지 우리도 충분히 경험한 적이 있지 않은가?

처음 글쓰기를 시작하는 아이들을 가르치거나, 습관을 처음부터 길러주어야 하는 아이일 때는 '공부를 계속하고 싶어도 몸이 따르지 않으면 안 됐던 기억'을 잊어서는 안될 것이다. 다시 한번 강조하지만 아이들의 손목 힘을 키워주어야 교육효과가 커지고 다음 단계를 넘어가기가 수월해진다.

평소에 하지 않던 일에 대한 두려움 때문이다

왜 아이들에게 글쓰기와 글읽기가 평소에 하지 않는, 거부당하는 일이요, 두려운 일이 되었을까? 그건 교육 입안자와 어른들의 잘못이 크다.

아이들에게 '독서는 공부다'라는 인식을 심어줌으로써 친근감보다는 거부감을 갖도록 만든 것이 가장 큰 잘못이다.

아이들이 이런 생각을 갖는 데에는 나름대로 자신이 볼 때 안 좋은 경험들을 갖고 있는데 '너는 왜 책을 안 읽니?' '책 좀 읽고 공부 좀 해라!' '책 안 읽고 너 나중에 뭐가 될래' 등의 공부와 책읽기가 동일시 된 강요가 바로 그것이다.

이처럼 책을 읽는 것은 엄마의 잔소리를 들어야 하는 행위요, 공부처럼 강요되는 일이었기에 아이들은 언제까지나 '독서는 공부요, 독서는 강요되는 일'과 같은 이미지에서 벗어나지 못했던 것이다.

손목 힘이 없는데 글쓰기를 강요당했고, 글읽기를 안 하면 청천벽력이라도 일어날 것처럼 소리를 질러댔으니 당연히 글쓰기, 글읽기는 즐겁지 않고 거부해야 하는 일로 전락될 수밖에 없었던 것이요. 평소에 하기 싫은 일이 되었던 것이다. 평소에 하기 싫은 일이나 새롭게 시작하는 일은 누구든지 두려워할 수밖에 없다. 그런데 또 다시 그 길을 가라니? 아이들의 입장을 충분히 이해하고 고려할 필요가 있다. 이런 고민은 아이들을 접근하기 위한 시각 교정이다.

아이들의 자발적 선택을 이끌어내자

그럼 이제 우리에게 남은 숙제는 어떻게 하면 아이들에게 글쓰기와 글읽기를 보다 친숙하게 접근시킬 것인가 하는 방법적인 것에 대한 고민만이 남은 것 같다.

가장 중요한 것은 **아이들이 자발적으로 글쓰기와 글읽기를 선택하게 하는 것이다.** 여기서 자발적 선택이라는 것이 아이들 스스로가 선택할 때까지 무한정 기다린다는 의미로 쓰이는 것이 아니라 자연스럽게 유도하고 무리하지 않게 친해질 수 있도록 만들어야 한다는 것이다.

즉, 자발적으로 선택할 수 있도록 동기부여를 강하게 하자는 이야기이다.

운동장에서 공을 차는 한 학생이 있다. 그런데 그 학생의 엄마가 살을 빼고 오라고 시켜서 공을 찼다면 그 행위는 결코 기쁠 수 없고 동기부여가 약하다. 하지만 친구들끼리 자연스럽게 어울려 공을 차고 있었다면 그 행위는 땀 흘리고 힘들더라도 기쁠 것이고 동기부여가 강하게 작용할 수 있다.

똑같이 공을 차더라도 하나는 일이 될 수 있고, 하나는 놀이가 될 수 있다는 것이요 동기부여가 약하게 나타나게 할 수도 있고 강하게 나타나도록 할 수도 있다는 것을 알아야 한다.

적어도 **아이들에게 글쓰기와 글읽기가 노동이요, 일이 되어서는 안 된다.**

그것은 즐겁고 기쁜 일이어서 자꾸 하고 싶고 자주 행해지는 친근한 놀이가 되어야 한다. 그래서 분명한 동기부여 속에서 글쓰기와 글읽기가 자발적인 선택이 되도록 이끌어져야 한다.

'아 어'만 틀리게 하여도 아이들은 스스로 선택하는 동기부여가 분명해질 수 있고 단계와 과정을 잘 설정하면 놀이처럼 무리 없이 받아들일 수 있다.

내가 어렸을 때, 우리 부모님은 저녁마다 나를 불러 이렇게 이야기하셨다.

"우리 동명이 목소리는 얼마나 낭낭한 지 몰라! 언제 들어도 싫증이 안 나거든. 오늘은 어제 읽었던 다음 부분을 아빠 엄마한테 또 들려줄 수 있겠니?"

그래서 밤마다 나는 글을 읽었고 우리 부모님은 흡족한 얼굴로 나를 지켜봐 주셨던 기억이 생생하다. 할 수 있었고 어눌해서 심부름도 잘 못하고 셈도 약했던 나는 부모님에게 사랑받고 인정받을 수 있는 일이 매일 소리내어 책을 읽는 일이었고 무엇보다 자신 있는 일이 되었다.

부모님이 칭찬하고 인정해준 덕에 나는 책 읽는 것에 자신감이 생겼고 학교에서도 글을 듣기 좋게 잘 읽는 학생으로 담임 선생님께 인정받을 수 있었고 아이들 속에서는 책을 가장 빨리 읽을 수 있는 아이로 소문이 나서 반장도, 부 반장도, 줄반장조차도 해보지 못한 내가 책을 읽을 때만은 언제나 전체 학생들 앞에서 나를 뽐낼 수 있었다. 물론 받아쓰기는 맨 날 읽는 교과서에서 나왔으니 항상 자신감이 넘칠 수밖에 없었다.

나의 경험에서 우리는 부모의 접근 방식이나 표현이 어떠하냐에 따라 동기

부여가 분명해지고 그것에 따라 글읽기가 충분히 즐거운 일이 될 수 있음을 알게 되었다. 하지 않은 일이나 하고 싶지 않은 일을 시작하게 하려면 무엇이 필요한가? 단적으로 표현하면 용기이다. 보이지 않는 길을 가기 위해서는 용기가 없이는 불가능한 일이다.

　글쓰기와 책읽기도 마찬가지이다. 글쓰기와 책읽기를 친숙하게 하기 위해서는 용기를 불러 일으켜 세우는 것이 중요하다. 그 출발이 **자신감을 주는 일**이요, 자기가 사랑받고 있음을 끝없이 일깨우는 속에서 두려움을 이겨내게 하는 일이 무엇보다 중요한 것이다. 과거의 우리 부모들은 아이의 교육을 위해 정말 깊은 통찰력과 정확한 준비를 했었다고 생각한다. 이제 우리는 과거의 우리 부모님들이 보여주었던 슬기로운 교육방법을 실천해야 할 것이다.

초급: 선긋기놀이

목표 | 연필 잡는 방법 / 손목 힘 기르기 / 우뇌 키우기

    선긋기 놀이는 저학년에 많이 사용되는 교육 방법으로 교육의 목표는 손목 힘을 키우고 뇌의 성장 능력을 강화하기 위한 교육이다. 누누이 이야기 하지만 손목 힘을 키우지 않으면 아이들이 글쓰기에 쉽게 싫증을 낸다. 손목 힘 키우기와 덧붙여 좌뇌와 우뇌를 고르게 발전시켜 아이가 커 나가는 과정에서 습득해야 할 지식의 양을 충분히 받아들일 수 있도록 준비를 해주는 배려가 필요하다.

    좌뇌는 언어뇌라고 불리며, 생각하고 말하는 것, 계산하는 것, 사물을 해명하고 분석하는 논리적 기능을 맡고 있고 우뇌는 인간의 좌반신을 담당하며 직관력, 회화력, 음악적 감각, 패턴 인식력을 맡고 있다. 좌뇌의 기억력이 좋아도 우뇌를 개발하지 않으면 기억된 지식이 모여서 쌓인 상태를 재조합하는 능력이 낮아 창조력이 결핍된다.

    그러므로 좌/우뇌의 균형 있는 계발이 중요하다.

교육목표	손목 힘 기르기 및 뇌의 성장 능력 강화
교육방법	① 간단한 교재(곡선, 동그라미, 직선, 점선 등으로 만들어진)를 만들어 선을 따라 그리게 한다 ② 첫날은 한 줄 두 줄도 좋다. 인내와 손목 힘이 생길 때까지 꾸준히 지도한다. ③ 처음엔 왼쪽에서 오른쪽으로, 잘하면 오른쪽에서 왼쪽으로 오른 손과 왼손을 번갈아 가며 그어나가도록 지도한다.

<table>
<tr><td>생각 받아들이기
초급</td><td rowspan="2">제목 :</td><td colspan="2">월   일</td><td>확인</td></tr>
<tr><td>직선그리기</td><td colspan="3">작성자:</td></tr>
</table>

지도 도움말 단순하게 선만 그리면 지루함이 있을 수 있는데, 색을 달리하여 생각하는 도형을 나타내보도록 주문을 하면 아이의 창의성을 더욱 발전시킬 수 있다.

중급: 단어 받아쓰기

목표 | 손목 힘 키우기 / 어휘력 키우기 / 맞춤법 익히기

   단어 받아쓰기는 손목 힘을 키우는 목표와 함께 어휘력 높이기와 연관되는 교육 내용으로 어휘량 늘리기, 맞춤법 익히기, 띄어쓰기, 문장부호 사용까지를 목표로 두고 실시해야 하는 교육 단계이다.

교육목표		어휘에 맞는 맞춤법 구사하기 능력 강화
교육방법	1단계	① 읽기 책에서 받침이 여러 개인 단어나 출제 빈도가 높은 단어, 발음할 때 음운변동이 생겨 아이들이 혼동하기 쉬운 단어 등으로 나눠 밑줄을 긋게 한다. ② 모두 열 개 정도 골라 연습장에 옮겨 쓰도록 지도한다. ③ 옮겨 쓴 단어들을 일정한 시간까지 쓰면서 암기하도록 지도한다. ④ 일정한 시간이 지나면 전체 또는 한 명씩 받아쓰기를 실시한다 (많은 단어를 쓰다 보면 대충 그림 그리듯 시간을 메우는 경우가 발생할 수 있음). ⑤ 사전을 준비하여 뜻을 모르는 낱말을 찾아가며 쓰게 하면 더욱 효과적인 교육이 될 수 있다.
	2단계	① 단어에 적응이 되거나 학년이 높아 기간이 단축되면 문장 받아쓰기로 발전시킨다. ② 이때에는 '좋은 문장 고르기'라는 명칭을 사용하는 것도 좋다. ③ 되도록 말하기나 생각하기 부호가 사용된 문장에서 골라 띄어쓰기, 부호 사용까지 신경 써 교육한다.

꽃밭	겉눈썹	겨드랑이	솥뚜껑	앉은키
꽃밭	겉눈썹	겨드랑이	솥뚜껑	앉은키
꽃 밭	겉눈썹	겨드랑어	솥뚜껑	앉은키
꽃 밭	겉눈썹	겨드랑어	솥뚜껑	앉은키
꽃 밭	겉눈썹	겨드랑이	솥뚜껑	앉은키
꽃 밭	겉눈섭	겨드랑어	솥뚜껑	앉은키
뺨	팔꿈치	항아리	백록담	흰구름
뺨	팔꿈치	항아리	백록담	흰구름
뺨	팔꿈치	항아리	백록담	흰구름
뺨	팔꿈쳐	항아리	백록담	흰구름
뺨	팔꿈치	항 아리	백록담	흰구름
뺨	팔꿈치	항아리	백록담	흰구름
벼 메뚜기	알껍질	비둘기	귀뚜라미	애꾸눈
벼 메뚜기	알껍질	비둘기	귀뚜라미	애꾸눈
벼 메뚜기	알껍질	비둘기	귀뚜라미	애꾸눈
벼 메뚜기	알껍질	비둘기	귀뚜다미	애꾸눈
벼 메뚜기	알껍십	비둘기	귀뚜리미	애꾸눈
벼 메뚜기	알껍집	비둘기	귀뚜라미	애꾸눈

지도 도움말 음운변동이 생겨 아이들이 잘 틀릴 수 있는 단어를 선정하고 제대로 익혔는지 확인하는 작업이 따라야 한다. 단어 선택은 테마에 따라 선정하는 것도 좋은 방법이다.

단계의 변화는 긴 문장을 거쳐 스스로 모르는 문장을 익혀나가는 단계를 거치는 것이 무리 없는 방법이다.

<table>
<tr><td rowspan="2">생각 정리하기

중급</td><td rowspan="2" colspan="2" align="center">교육원</td><td>월　일　확인</td></tr>
<tr><td>작성자:</td></tr>
<tr><td>받아쓰기</td></tr>
</table>

※ 발음나는 대로 쓰거나 연결해서 쓰는 일이 없도록 정확히 쓰시오.

꽃밭	겉눈썹	겨드랑이	솥뚜껑	앉은키
뺨	**팔꿈치**	**항아리**	**백록담**	**흰 구름**
벼메뚜기	**알 껍질**	**비둘기**	**귀뚜라미**	**애꾸눈**
딸꾹질	**흉터**	**연탄재**	**옛날**	**한라산**

<table>
<tr><td rowspan="2">생각 정리하기
중급</td><td rowspan="2" colspan="2">교육원</td><td>월　　　일</td><td>확인</td></tr>
<tr><td colspan="2"></td></tr>
<tr><td>받아쓰기</td><td colspan="2"></td><td colspan="2">작성자:</td></tr>
</table>

※ 발음나는 대로 쓰거나 연결해서 쓰는 일이 없도록 정확히 쓰시오.

신바람	길가	물동이	술잔	맑다

얼음	맏형	깻잎	제삿날	아랫방

혹시	그렇게	때문에	그러면	만약

그러므로	그런데	그렇다면	그러나	그리하여

<table>
<tr><td>생각 정리하기
중급</td><td rowspan="2">교육원</td><td>월</td><td>일</td><td>확인</td></tr>
<tr><td>받아쓰기</td><td colspan="3">작성자:</td></tr>
</table>

※ 읽기 책에서 어려운 단어나 평소에 잘 틀리는 단어 골라 받아쓰기

※ 발음나는 대로 쓰거나 연결해서 쓰는 일이 없도록 정확히 쓰시오.

고급: 옮겨쓰기

목표 | 손목 힘 기르기 / 글에 대한 자신감 갖기 / 부호사용, 글 고침표 익히기

옮겨쓰기는 교과서의 내용을 그대로 옮겨 쓰는 교육과정이다. 교과서의 내용을 옮겨 쓴 것이 무슨 글쓰기 교육에 도움이 되겠느냐 하겠지만 글쓰기에 자신이 없거나 처음 시작하는 학생에게 실시하면 많은 효과를 볼 수 있는 교육 내용이다. 아이들은 교과서에 실린 남의 글을 옮겨 쓰기 했다 하더라도 힘들게 스스로 쓴 글이기에 하나의 글을 완성했다고 생각한다.

즉, 아이에게는 창작 글이 되었건 아니면 옮겨 쓴 글이 되었건 한 편의 글을 완성한 것은 분명하기 때문에 그렇게 생각하는 것은 자연스러운 것이다.

글쓰기에 자신 없는 아이에게 교과서의 글을 옮겨 쓰게 하고 "너! 참 글 잘 쓰는구나. 충분히 가능성이 있는데! 누가 너보고 글 못 쓴다고 그래? 아니야 너 글 잘 써!" 하며 머리를 몇 번 쓰다듬어주어 보라! 아이는 금방 환한 얼굴로 변할 것이고 그 다음날부터 글에 대해 자신감이 넘치는 모습을 보일 것이다. 이 교육과정은 선생님들의 세밀한 노력과 많은 시간투자가 필요한 과정이다. 그러나 노력한 만큼 눈에 보이는 효과와 더불어 부모에게 인정받을 수 있고 주위에 소문을 낼 수 있는 과정이기도 하다. 교육목표는 손목 힘 키우기와 논술 교육을 위한 기초적이고 형식적인 모든 것 즉, 어휘력 키우기, 부호사용, 띄어쓰기, 맞춤법 등을 익히는 동시에 글에 대한 두려움을 해결하고 선생님과 학생간에 약속된 부호만 가지고 의사전달이 될 수 있게 교육하는 과정이라 할 수 있다.

교육목표		원고지에 대한 두려움 극복. 글쓰기에 대한 자신감 결여 극복, 교과 내용 선행 습득, 손목 힘 기르기. 긴 글쓰기 자신감 형성
교육방법	1단계	① '마음대로 쓰기'를 설정하여 원고지에 대한 두려움을 극복하도록 단계를 설정한다. ② 지시 사항에 따라 마음대로 쓰도록 지도한다. ③ 지우개를 사용하지 못하도록 한다. ④ 어휘량이 부족한 학생은 직접체험(들공부) 또는 상황 설정(시뮬레이션 교육)을 통해 어휘량을 늘려 준다. ⑤ 다 쓴 후에는 세로로 읽도록 하여 발음 훈련을 하게 하면 교육효과가 더욱 높아진다.
	2단계	① '옮겨쓰기' 양식을 만들고 지시에 따르도록 한다. ② 학교 진도에 맞추어 교과서의 내용을 옮겨 쓰게 하여 아이의 원고지 쓰기 수준을 파악한다. ③ 원고지 사용법과 간단한 문장부호와 말 고침표를 가르친다. ④ 되도록 한 문장이 끝나면 온점을 찍고 다음 줄로 내려가 쓰도록 지도한다. 그러면 원고지 사용이 깨끗해지고 한 문장이 하나의 생각 덩어리라는 것을 이해하게 된다. ⑤ 부호사용에 유의하도록 항상 지도한다. ⑥ 동시와 희곡 시나리오, 토론 내용은 주로 빼고 설명문이나 논설문을 많이 활용한다. ⑦ 원고지에 쓰면 모두 회수한다. ⑧ 회수한 원고지는 맞춤법, 띄어쓰기, 부호사용 등의 원칙에 맞추어 첨삭하고 말 고침표의 원칙에 따라 표시한다. ⑨ 표시한 원고지를 다음 시간에 말 고침표가 요구하는 내용에 맞추어 아이가 고쳐 쓰도록 한다. ⑩ 맨 마지막 고쳐 쓴 원고지와 처음 쓴 원고지를 비교하여 발전한 모습을 느끼도록 지도한다. ⑪ 시간이 오래 걸리더라도 끈기 있게 기다려 주고 다 끝나면 긴 글을 쓴 일에 대해 크게 칭찬한다.

[실제 사례 – 마음대로 쓰기]

자	동	차	문	구	집	중	국	과	게
다	가	게	P	C	방	다	방	하	교
교	문	놀	이	터	유	치	원	나	무
운	동	장	씨	름	장	강	당	복	도
신	반	장	보	건	실	과	학	심	구
령	대	냉	송	실	노	태	방	은	혜
병	원	집	호	프	집	골	복	길	강
아	지	교	외	아	파	트	도	서	교
컴	푸	터	북	식	화	원	피	자	집
통	닭	집	모	래	사	장	바	다	아
이	스	가	게	도	로	백	돌	미	요
심	세	탁	소	힌	구	둘	배	수	영
복	유	답	선	피	서	계	임	기	새

지도 도움말　아이들은 글쓰기 하면 원고지부터 떠올리게 되고 원고지 하면 두려움부터 떠오른다. 원고지에 대한 두려움이 극복되지 않고 글을 좋아하게 만들기는 어렵다. 원고지는 내 놀이터라는 생각이 들게 교육하는 것이 무엇보다 중요하다. 어휘력이 모자랄 경우 현장체험 또는 상황설정을 통해 더욱 많은 어휘량을 습득할 수 있도록 지도한다.

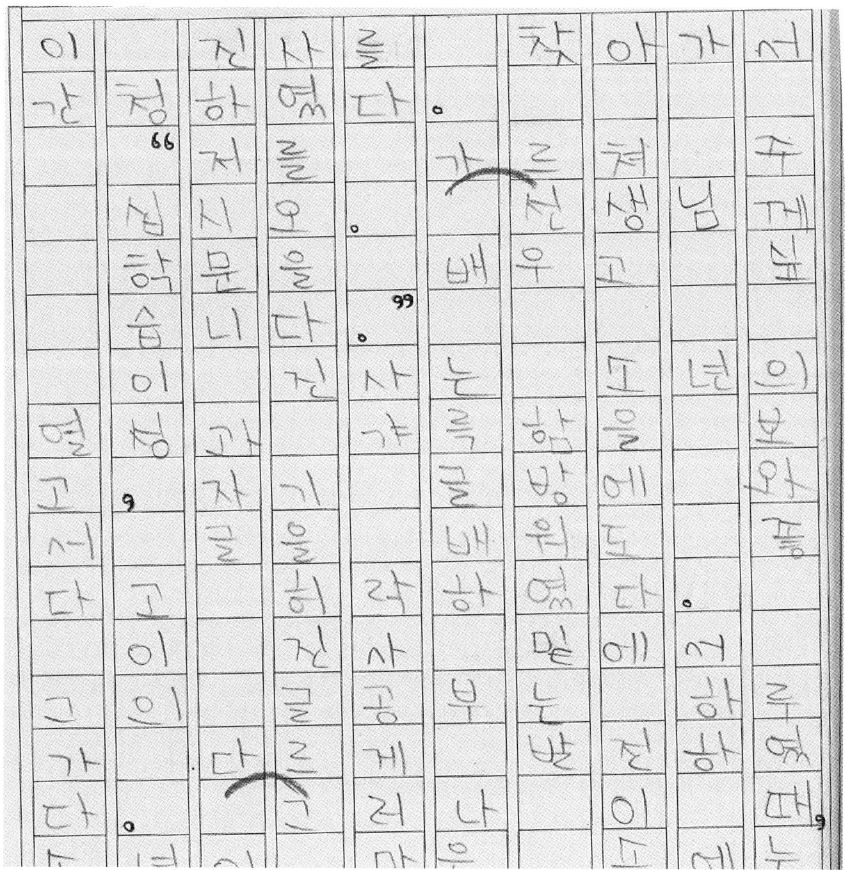

지도 도움말 　원고지 교정부호를 알려주고, 부호에 의해 의사소통이 되도록 지도한다. 그리고 원고지의 바른 사용과 맞춤법이 자신의 생각을 전달할 수 있는 수단임을 느끼도록 지도한다. 긴 글에 대한 자신감 회복이 제일 큰 관건이다.

STEP 02 · 생각 정리하기 · 제목을 정하는 힘을 키워라

<table>
<tr><td>분석</td></tr>
</table>

현상	① "오늘 글쓰기 할까?" 하면 "싫어요" 하는 말이 먼저 나온다. ② 일기 쓰는 글자 수가 점 점 준다. ③ 글 쓰라고 하면 엄마를 쳐다보며 "뭘 써요?" "어떻게 써?." "몇 장 써요?"를 외치고 마침내 부모 숙제가 된다.
지도 방법	■ 초급: 명사 찾기(명사로 된 낱말 연상하기) ■ 중급: 늘여 쓰기 ■ 고급: 제목 정하기

아무거나 골라서 쓰게 하라

서울대를 비롯한 명문대들이 논술이다 구술면접이다 하는 걸 보면 뭔지 모르지만 정말 중요한 것 같고 안 하면 명문대에 못 갈 것 같고 '우리 아이들 땐 명문대 못 가면 취직도 어려운 세상'이라는데 우리 부모님들 갑자기 급해졌다. 우리 아이는 어떻게든지 떨어지지 않게 해야겠는데 '논술'이란 건 배운 적도 없고 감은 안 잡히고 그러다 보니 그 동안 아이에게 너무 신경 안 쓴 것 같아서 은근히 미안한 마음도 들고 '그래 오늘부터 뭔가 시켜야지. 아이에게 신경 좀 써야겠어.' 뭐부터 시킬까 생각하지만 방향이 막연하기만 하다. 논술은 쉽게 생각하면 글이라니 어떡하면 우리 아이 글을 쉽게 접하고 쓰게 할까 고민하다가 '그래! 오늘부터 당장 일기를 쓰도록 해야겠구나…….'

위의 내용은 글쓰기를 실패하신 일반적인 부모님들의 생각이다.

다음에 이어질 내용을 계속 전개해 나가보도록 하자. 그래서 아이는 일기를 쓰게 된다. 아이가 일기를 써오면 "이게 글이냐! 네가 몇 학년인데 글씨가 이게 뭐냐!" "띄어쓰기와 맞춤법이 틀렸다. 글 내용이 앞뒤가 안 맞는다." "글을 왜 이렇게 짧게 썼느냐! 평소에 책을 안 읽으니 길게 쓸 수나 있겠냐!" 길게 써와도 짧게 써와도 왜 그렇게 마음에 안 들고 양에 안 차는지. 그리고 야단치지 말아야지 야단치지 말아야지 하면서도 왜 그렇게 손이 머리 위로 자주 올라가는지. 어디 전문 선생이라도 알아볼까 마음의 갈피를 종잡을 수가 없다.

하루가 지나고 이틀이 지나면 아이와 엄마의 갈등은 서서히 겉으로 드러나기 시작한다. 어제 쓴 일기보다 오늘 쓴 일기는 반으로 그 양이 줄어들기 시작하여 급기야는 두 줄이나 세 줄 정도로 줄어들어 버리고 내용은 '학교 갔다 왔다. 학원 갔다 왔다. 만화영화 봤다.' 등으로 정형화되기 시작한다. 이때쯤 되면 갈등은 최고조로 올라간다. 그리고 서서히 아이가 반항적인 행동을 하고 노골적으로 말대답을 한다.

엄마: 동명아! 컴퓨터 그만하고 일기 좀 써!

아이: 맨날 뭘로 일기를 쓰란 말이야!

엄마: 오늘 일어난 일 중에서 아무거나 골라서 써!

이 얼마나 훌륭한 말인가. **"아무거나 골라서 써!"**

여기에 답이 있었는데, 그곳에 일기를 잘 쓰게 하고 동시를 잘 쓰게 하고 글쓰기에 대해 자신감을 가질 수 있는 단계가 있었는데 우리가 그 단계를 설정하지 못해 아이들을 심리적으로 압박하고 결과적으로 거칠게 행동하도록 했던 것이다.

근본적인 질문으로 돌아가서 '왜? 일반적인 부모님들이 아이들에게 글쓰기를 시도했지만 실패했는가?'

부모님들이 꼭 잊지 말아야 할 것 중 하나가 일기는 초보적인 글쓰기 단계가 아니라는 사실이다. 일기에는 논리적, 창의적, 통일적 표현력이 드러나는 글이요 맞춤법, 띄어쓰기, 어휘 사용능력 등이 모두 드러나는 글이다.

이렇게 많은 것을 요구하는 글인데다 거기에 부모의 눈에 맞춘 글을 요구한다면 아이들을 이중 · 삼중의 고통에 빠트린 상황이 되는 것이요, 부모는 단계를 만들어 주지 못한 책임이 있는 것이요, 아직 창의적이지 못한 아이에게 엄청난 능력을 요구한 것이 될 테니 아이에게는 일기가 칭찬받을 수 없는 어려운 일, 매일 강요당하는 노동이 될 수밖에 없는 것이다.

그러니 글쓰기를 포기할 수밖에……

자! 어떻게 할 것인가?

나는 부모나 선생님들에게 **보이지 않는 단계를 만들라는 것**을 항상 당부하고 싶다.

'제목을 정하는 능력'을 키워 보라! 당장 다른 글을 접하게 될 것이다. '제목을 정하는 능력'을 키워주면 잘 정돈된 논리적인 글을 쓸 수 있다. 제목을 정할 수 있다면 글은 90% 완성된 것이라 보아도 무관하다. 제목을 정하면 그 제목과 연관된 이야깃거리가 연상 작용으로 일어나게 되고 그 내용만 잘 연결해도 아주 보기 좋은 글이 나올 수 있다.

이런 단계를 설정하지 않으면 아이들은 일기라는 단계에서 글쓰기 전체를 포기하는 사태가 벌어지고 만다.

생각을 정리하는 습관을 들이자

어떤 선생님과 요즘 학생들의 글쓰는 태도에 대해 대화를 하던 중 이런 이야기가 나왔다. "요즘 학생들은 아무 생각이 없는 것 같다. 글을 쓰라면 한 두 줄도 못 쓴다." 과연 요즘 아이들은 생각이 없는 것일까? 그래서 글을 길게 못 쓰는 것일까?

난 그렇게 생각하지 않는다. 글을 쓰기 위해서는 생각이 있어야 한다는 말인데 생각은 어디서 나오고 글쓰는 소재는 어디서 나오는가? 그건 두말할 나위 없이 경험에서 나온다. 주변에서 일어나는 일을 통해 글쓰기가 이루어지는 것이다. 이러고 보면 지금이 어느 시댄데 아이들이 경험이 적겠는가! 우리가 어렸을 때보다 훨씬 많은 경험을 할 수밖에 없는 세대가 지금이 아닌가. 그렇다면 아이들은 글 쓸 소재를 무궁무진하게 경험하고 있는 것이다. 여기서 얻어지는 생각은 어른들보다도 폭 넓고 자유롭다. 너무나 많은 것을 생각하고 있어서 산만하다고 생각이 들 정도로 광범위하다. 그런데 왜 아이들은 글을 쓸 때 이 내용을 이용하지 못하는가? 단적으로 이야기하면 '생각을 정리하는 습관'이 되어 있지 않기 때문이다.

아이들은 글을 쓰라고 하면 대부분 자신의 생각을 정리하라는 식으로 받아들인다. 그러나 매일 일어나는 보편적인 일을 중심으로 너무나 많은 일이 일어났기에 엄두를 내지 못하는 것이다. 무엇에 맞추어 어떻게 정리해 나갈 것인가가 습관화되어 있지 않은 아이들이다 보니 부담스러워지는 것은 당연한 일이다.

글을 쓸 때 **바로 생각나는 일을 제목으로 정하게 하라!** 그리고 **바로 글을 쓰게 하라!** 그날 일어난 많은 경험들이 제목에 맞추어 정리되고 있는 현상을 경험하게 될 것이다.

초급: 명사 찾기(명사로 된 낱말 연상하기)

목표 | 생각 정리하는 힘 기르기 / 제목 정하는 힘 기르기 / 어휘력 높이기

    초급에서 사용되는 **명사 찾기**는 단어 익히기와 생각 발견하기인 마인드 맵과 유사한 면을 갖고 있다. 그러나 이 단계에서의 교육 목표는 많은 명사를 알고 있어야만 생각 정리가 가능해지고 제목 정하는 능력으로 연결할 수 있기 때문에 되도록이면 많은 명사를 접하고 정리하는 프로그램을 만드는 것이 중요하다.

교육목표	어휘력 향상과 생각 정리 및 표현하고자 하는 범위를 명확하게 하는 능력 배양
교육방법	① 공포의 쿵쿵따 게임을 한다.(끝말잇기–명사형만 사용) ② 간단한 교재 양식(수렴적 명사찾기와 발산적 명사찾기)을 만들어 사용한다. ③ 수렴적 명사찾기에서는 어른들의 생각과 다르더라도 인정하고 칭찬해 준다. 발산적 명사찾기에서는 보다 많은 연관된 단어나 연상되는 명사를 생각해 내도록 지도한다. ④ 자신이 찾은 명사에 자신의 색을 칠하게 함으로써 선택된 단어가 나만의 것이라는 자신감과 책임감을 가지도록 지도한다.

[**실제 사례**]

♥크리스마스	*크리스마스트리	*썰매
	*산타할아버지	*소나무
	*선물	*반짝이
	*장식	*마차
	*크들곡	*성냥
♥사랑	*엄마	*연예인
	*마음	*남편
	*아빠	*오빠
	*하트	*러브스토리
	*데이트	*뽀뽀
♥서울역	*기차	*쌀길
	*마중	*부산
	*지하철	*사람
	*서울	*문
	*수도	*재능
	*역	
♥통일	*북한	*6.25전쟁
	*친구	*올림픽
	*한국	*소원
	*축구	*우리는 하나
	*3.8선	*전화

 선택된 명사에 색깔 펜을 이용하여 시각적 효과를 높이고 자신이 선택한 단어에 대해 자신감과 책임감을 가지도록 지도한다. 단계의 변화는 수렴적 명사찾기에서 발산적 명사찾기로, 그리고 자기주도 학습으로 발전시키는 것이 가장 무리가 없다.

<table>
<tr><td>생각 정리하기
초급</td><td rowspan="2">교육원</td><td>월　일</td><td>확인</td></tr>
<tr><td>수렴적 명사찾기</td><td colspan="2">작성자:</td></tr>
</table>

※ 주어진 낱말들을 보고 떠오르는 낱말을 쓰시오.

(　　　　　　　　　　) 　 줄다리기 / 운동장 / 백군 / 청군 / 달리기

(　　　　　　　　　　) 　 나무 / 4월 5일 / 산 / 심자 / 가꾸자

(　　　　　　　　　　) 　 고래 / 뱃고동 / 갈매기 / 등대 / 동해

(　　　　　　　　　　) 　 아버지 / 어머니 / 누나 / 동생 / 형

(　　　　　　　　　　) 　 누렁이 / 돌담 / 새싹 / 논 / 고추밭

<table>
<tr><td>생각 정리하기
초급</td><td rowspan="2">교육원</td><td>월　일</td><td>확인</td></tr>
<tr><td>발산적 명사찾기</td><td colspan="2">작성자:</td></tr>
</table>

※ 주어진 큰 이름의 낱말들을 보고 떠오르는 작은 이름의 낱말을 쓰고 말의 색깔에 맞추어 색칠하시오.

꽃
* ______　* ______　* ______
* ______　* ______

물고기
* ______　* ______　* ______
* ______　* ______

별자리
* ______　* ______　* ______
* ______　* ______

가족
* ______　* ______　* ______
* ______　* ______

책가방
* ______　* ______　* ______
* ______　* ______

<table>
<tr><td>생각 정리하기
초급</td><td rowspan="1">교육원</td><td>월　일</td><td>확인</td></tr>
<tr><td>자기 주도 명사찾기</td><td>작성자:</td><td colspan="2"></td></tr>
</table>

※ 주어진 낱말없이 본인이 선택하여 떠오르는 낱말을 자유롭게 쓰고 말의 색깔에 맞추어 색칠하시오.

중급: 늘여쓰기

목표 | 생각 정리하는 힘 기르기 / 제목 정하는 힘 기르기 / 어휘력 높이기 /
형식 논술 기초능력 배양하기

늘여쓰기는 하나의 짧은 글을 단계 단계 만들어 나가는 과정을 습득하는 교육내용으로 제목을 정하는 힘을 자연스럽게 만들어줄 뿐만 아니라 여러 방향에서 아이를 분석하고 향상시켜 나갈 수 있는 교육 프로그램이다. 아이에게는 늘여쓰기가 처음 자신의 생각을 자유롭게 표출하는 과정이기 때문 글표현에 대한 자신감을 더욱 커지도록 지도하는 것이 중요하다. 늘여쓰기는 앞에서 이야기한 옮겨 쓰기의 과정과 같이 선생님들의 노력과 시간 투자가 필요하지만 신경 쓴 만큼 눈에 보이는 효과 또한 크다.

최종 목표는 형식 논술 기초 능력을 배양하는 것이라 할 수 있는데 늘여쓰기 단계를 거치면 일기 쓰기와 동시, 짧은 글 쓰기에서 상당한 강세를 보인다. 늘여쓰기를 가르친 후 일기 쓰기에서 발전한 모습을 아이에게 알려주고 칭찬하면 아이는 글표현에 대한 자신감을 가질 수 있다.

교육목표	제목 정하는 능력, 주어부, 서술부 선택, 수식언, 어미 활용, 띄어쓰기, 맞춤법 강화	
교육방법	1단계	① 늘여쓰기 양식을 만든다. ② 주변에서 5개의 명사를 아무거나 선택하게 한다.(아이에 따라서는 잘못하는 아이는 3개를 선택하게 한다. 주변에 모든 것이 제목이 될 수 있다는 것을 느끼도록 주변 사물들로 제목정하는 모습을 보여주는 것도 좋다.) ③ 칸 안에 명사를 써넣는다. ④ 명사(정해진 제목)에 서술어나 꾸미는 말을 선택하도록 지도한다. ⑤ 앞 뒤로 하나씩 어휘를 늘려 나간다.
	2단계	① 서술어 선택을 '있다' 또는 '한다' 등으로 한정되어 사용하지 못하도록 한다. ② 의태어나 의성어를 잘 사용하도록 지도한다.(빨강, 노랑 등 색깔에 한정하여 표현하지 않도록 지도한다.) ③ 용언의 어미 활용을 ～서, ～고, ～면 등으로 한정하여 사용하는지 분석하고 고치도록 지도한다. ④ 띄어쓰기, 맞춤법, 말 고침표를 교육한다. ⑤ 수식언에서 '매우', '아주', '정말' 등을 사용하지 못 하도록 한다.

[실제 사례]

	1	봄이 왔습니다.
봄	2	마음 설레는 봄이 왔습니다.
	3	겨울이 가고 마음 설레는 봄이 왔습니다.
	4	겨울이 가고 향기로 마음 설레는 봄이 왔습니다
	5	겨울이 가고 꽃 향기로 마음 설레는 봄이 왔습니다.
	1	바람이 붑니다
바람	2	바람이 솔솔 붑니다.
	3	향긋한 바람이 솔솔 붑니다
	4	향긋한 봄 바람이 솔솔 붑니다
	5	코 끝에 향긋한 봄 바람이 솔솔 붑니다.
	1	새싹이 인사를 합니다.
새싹	2	새싹이 방긋방긋 인사를 합니다.
	3	새싹이 발 밑에서 방긋방긋 인사를 합니다
	4	새싹이 발 밑에서 반갑다고 방긋방긋 인사를 합니다
	5	발 밑에서 새싹이 반갑다고 봄을 굽혀 방긋방긋 인사를 합니다.

지도 도움말 늘여쓰기의 효과는 동시쓰기와 일기 쓰기에서 빠르게 나타
날 수 있다. 제목을 정하게 하는 힘과 주어에 맞는 서술어의 선택, 수식언의
선택, 어미활용, 접속부사 등에 많은 관심을 기울여 교육해야 좋은 효과를
거둘 수 있다. 다 쓰고 제목을 제거하면 동시가 된다. 이때 많은 칭찬을 하면
동시와 일기 쓰는 능력이 강화된다.

<table>
<tr><td>생각 정리하기
중급</td><td rowspan="2">제목 :</td><td>월　　　일</td><td>확인</td></tr>
<tr><td>늘여쓰기</td><td colspan="2">작성자:</td></tr>
</table>

※ 낱말을 정하고 5번까지 한 단어 또는 한 문장씩 늘여나가시오.

	①
	②
	③
	④
	⑤
	①
	②
	③
	④
	⑤
	①
	②
	③
	④
	⑤
	①
	②
	③
	④
	⑤
	①
	②
	③
	④
	⑤

고급: 제목 정하기

목표 | 내용 정리하기 / 다양한 글 익히기 / 논리력, 상상력 늘리기

제목 정하기는 주어진 글이나 만화 등 여러가지 형태를 응용해서 교육하는 방법으로 토론까지 가미하면 재미도 있으면서 내용을 상상하고 정리하는 능력을 키울 수 있는 교육내용이다.

목표는 다양한 글을 익혀 간접적으로는 주변 지식을 쌓는 기회를 갖게 하고 다음 이어질 글의 내용을 만화나 끝맺는 글을 직접 써 봄으로써 창조적인 단계까지 끌어올리는 것을 그 내용으로 한다.

교육목표	다양한 글을 익혀 간접적으로는 주변 지식을 쌓는 기회 제공 및 창조적 단계 상승	
교육방법	1단계	① 제목을 지운 완성된 글 또는 만화를 아이들에게 제공한다. ② 아이들에게 읽게 하고 어떤 제목이 어울릴지 이야기하도록 한다. ③ 제목을 다양하게 선택할 수 있음을 교육한다. **[제목 정하는 방법]** • 주제에 맞춘다. • 주인공의 이름에 맞춘다. • 중요한 대화를 선택한다. • 중요한 소재를 선택한다. • 상징물을 선택한다. ④ 다양한 글을 아이들에게 순서에 맞추어 제공한다
	2단계	**2단계 − 1** ① 제목은 있고 앞 글이나 뒤 글이 없는 미완성의 글을 준비한다. (이 단계가 잘 되면 제목 없고 앞 글이나 뒤 글이 없는 글을 준비한다.) ② 스스로 제목을 정하고 미완성의 글을 완성시키도록 지도한다. ③ 가장 잘된 내용은 모았다가 작품집으로 만들어주면 아이가 기뻐하는 모습을 볼 수 있다. **2단계 − 2** ① 가) 제목과 내용이 있는 만화(광수 생각, 짱구는 못 말려 등)와 똑같은 내용으로 나) 제목과 내용이 지워진 만화를 준비한다 ② 가)는 몇 개만 만들어 돌아가면서 읽을 수 있도록 하고 나)는 인원수에 맞춘다. ③ 나)의 내용을 가지고 나름대로 제목을 정한 뒤 만화의 내용을 채워 넣도록 한다. ④ 가장 잘된 내용은 모았다가 작품집으로 만들어 주면 아이가 기뻐하는 모습을 볼 수 있다.

[실제 사례]

| 효자 방귀 | 적군을 물리친 방귀 | 큰상을 받은 방귀 | 행복을 준 방귀 | 웃게 하는 며느리 |

[방귀 며느리]

옛날 어느 고을에 방귀 잘 뀌는 처녀가 있었어요. 방귀를 뿡뿡 뀌어야만 얼도 살 되고 저분도 개운해지는 그런 처녀였어요. 그 처녀가 시집을 갔어요. 건넛마을 예절 바른 집으로요. 처녀가 시집을 갔으니 이제 며느리죠. 며느리는 살림도 잘 하고 음식 솜씨도 좋아 매일 칭찬을 받았어요. 그러나 며느리는 자기 집에서처럼 방귀를 마음대로 펄 수 없어 늘 마음이 무거웠고 갈수록 얼굴이 핼쑥해 졌어요. 이를 본 시부모는 조용히 며느리를 불러다가 왜 안색이 안 좋은지, 무슨 불만이 있는 것인지 말해 보라고 했어요. 며느리는 몹시 부끄러웠지만, 자초지종을 이야기하고 방귀를 시원하게 뀌게 해 달라고 말했어요. 며느리가 방

지도 도움말　　글쓰기 능력 중에서 '제목 정하는 능력만 갖추어도 글의 90%는 끝났다.'라는 말이 있다. 그만큼 글쓰기에서는 중요한 능력인 것이다. 제목을 정할 때는 다양하게 정해질 수 있다는 것을 알도록 지도하고 좀 더 발전시키고 싶다면 글을 읽고 제목을 다양한 글의 종류에 따라 짓는 교육을 하면 능력을 업그레이드 시킬 수 있다.

144

상상하여 쓰기 (1)

※ 다음 글을 잘 읽고 뒤에 일어날 이야기를 상상해서 써 보세요.

개미가 엄마 심부름을 갑니다. 시냇물을 건너다가 바람이 불어 개미는 그만 냇물에 빠졌습니다.

"살려주세요! 살려주세요!"

개미는 소리높이 외쳤습니다. 마침 그 옆을 지나던 비둘기가 이것을 보았습니다.

"자, 이 나뭇잎을 잡으세요."

비둘기가 던져준 나뭇잎을 타고 개미는 물에서 나왔습니다. 며칠 뒤, 사냥꾼이 비둘기를 총으로 쏘려고 하는 것을 개미가 보았습니다.

현대교육미디어 – 꾸러기 박사 글짓기 · 논술 공부 중에서

[**실제 사례**]

개미가 엄마 심부름을 갑니다. 시냇물을 건너다가 바람이 불어 개미는 그만 냇물에 빠졌습니다.
"살려주세요! 살려주세요!"
개미는 소리높여 외쳤습니다. 마침 그 옆을 지나던 비둘기가 이것을 보았습니다.
"자, 이 나뭇잎을 잡으세요."
비둘기가 던져준 나뭇잎을 타고 개미는 물에서 나왔습니다. 며칠 뒤, 사냥꾼이 비둘기를 총으로 쏘려고 하는 것을 개미가 보았습니다.

위험에 처한 비둘기가 자신을 구해준 비둘기인 것을 안
개미는 사냥꾼에게 자기까지 거리가 멀어서 황급히 전파
더듬이를 작동시켜 사냥꾼 주위에 있는 친구들에게 비둘기를
구할 수 있도록 도움을 요청하였습니다. 그러자 개미
친구들은 사냥꾼 다리와 봄 그리고 손을 올라가서 물기 시작하였고
곧 사냥꾼 손에서 총이 바닥으로 요란한 소리와 함께 떨어졌습니다.
그 소리에 비둘기는 위험을 눈치채고 '푸드득' 하늘 높이 날아
올라 생명을 개미 도움으로 구할 수 있었습니다.

 뒷말이나 앞말을 빼고 쓰게 하는 훈련은 논리성을 강화하고 주변 지식을 강화하기 위한 교육과정이다. 부모의 생각과 다르다 하더라도 아이의 생각이 논리성을 가지고 창의적으로 접근했다면 당연히 칭찬해주는 것이 올바른 교육 방법이다.

생각 키우기 **NIE를 가르쳐라**

분석

현상	① 많은 경험을 시킨다고 시켰는데 정작 글을 쓰라면 "머리가 쪼개질 것 같아요" 하며 회피한다. ② 경험한 것을 쓰라고 하면 멍해지고 자신감 없는 표정을 짓는다.
지도 방법	■ 초급: 정보 파악하기 ■ 중급: 내용 요약하기 ■ 고급: 사건에 의미 붙이기

많은 경험을 풍부한 경험으로 바꾸어야 한다

아이들은 글이라 하면 창작적인 글을 연상하기 때문에 부담을 많이 갖는다. 그래서 아이들에게 옮겨쓰기를 통해 모방글도 하나의 글이라는 생각이 들도록 하여 부담감을 극복하도록 지도해야 한다고 나는 주장했던 것이다.

글을 잘 쓰기 위해선 많은 사람들이 이구동성(異口同聲)으로 '경험을 많이 해야 한다.'고 말한다. 생각의 주머니를 주무르고 키우기 위해서는 풍부한 경험이 기본이 되기 때문이다.

그런데 이상한 건 우리 아이들은 하루 하루 엄청나게 많은 경험을 하고 있는데 불구하고 왜 그것을 끄집어내어 글로 잘 표현하지 못한다는 점이다. 그것은 바로 '생각을 키우는 교육'을 시키지 않았기 때문에 일어나는 현상이다.

'생각을 키우는 교육'을 받지 않은 경험은 경험으로만 남게 되고 어떤 사건이나 사실에 분명한 의미를 덧씌우지 못하기 때문에 그 사건은 의미없는 기억이 되어버리고 만다. 이렇게 되면 '의미가 없는 기억'은 시간의 흐름에 따라 자연스럽게 지워져 버리게 되는 것이다 .

많은 경험과 풍부한 경험에는 차이가 있는데 우리 부모들은 이 두 가지를 동일시하기 때문에 교육적 실수를 많이 저지르게 된 것이다. 많은 경험은 앞에서 이야기한 것처럼 경험에 불과하다. 그러나 풍부한 경험은 **'많은 경험 + 생각을 키우는 교육'**을 합친 것이다. 그럼 많은 경험을 ⇒ 풍부한 경험으로 전환 및 발전시키기 위해서는 어떤 것들이 키워져야 하는가?

하나, 사물에 대한 애정 어린 눈을 키워 주어야 한다.

둘, 사건에 대한 끝없는 관심을 키워주어야 한다.

셋, 깊고 넓게 사고하는 힘을 키워주어야 한다.

총체적인 교육이 필요하다

총제적인 교육이란 무엇일까? 과거와 같은 획일적인 교사 중심의 학습 방법에서 벗어나 다양한 정보를 수집하고 활용하여 고도화된 정보 사회에 적응할 수 있도록 개인차를 존중하고 다양성과 창의성을 키워주는 학생중심 교육을 의미한다.

아이의 경험이 의미 있기 위해서는 스스로가 경험에 의미를 부여하는 능력이 있어야 한다. 그래야 비로소 진정한 의미를 획득하는 게 아닌가! 교사가 아무리 소리 높여 의미를 덧붙인들 이미 그것은 그 아이의 의미가 더 이상 아니다.

오늘날은 광속의 시대요, 정보와 지식의 폭발적 공유 시대요, 다양성의 시대요, 창의성의 시대이다. 아이들은 광속의 정보시대에 걸맞는 다양성 속에

서 창의적인 경험을 하며 살아가고 있는데, 교육을 입안하는 사람들은 아직
도 획일적이고 집단주의적인 주입식 지식 교육, 인성 · 덕성 · 창의성 부재의
교육환경을 그대로 유지하고 있다. 우리의 아이들은 다양한 경험을 정리할
수 없어 "머리가 쪼개질 것 같아요!"라고 소리지를 수밖에……

NIE가 해결 방법이다

NIE를 잘못 판단하면 단순히 신문을 오리고 붙이는 것으로 오해할 수 있
다. 그러나 그것은 작은 것을 보고 큰 것을 보지 못하는 우를 범하는 경우다.
나는 생각을 키우는 교육과 총체적 교육을 위해 감히 NIE를 가르치라고 주
장한다. 그 방법이 경험에 의미를 부여할 수 있는 일이며 사건과 사물에 대한
애정과 관심을 불러일으키고 획일적이고 이론적인 창의성 부재의 교육에서
학생 중심의 창의적 · 총체적 교육으로 가는 통로라고 믿기 때문이다.
그렇다면 NIE는 어떤 장점을 가진 교육방법일까?

첫째, 학생들이 싫증내지 않는다.
신문 활용 교육 NIE는 신문의 기사, 광고, 만화, 만평, 그림, 문자, 문구 등
어떤 것이라도 학습에 응용하여 사용할 수 있기 때문에 늘 새로운 학습이 가
능하여 흥미유발이 가능하다.
둘째, 다양한 정보를 통한 다양한 경험이 가능하다.
신문은 매일 새로운 사건으로 메꿔진다. 매일 쏟아지는 수많은 정보를 활
용하여 새로운 가치를 창출해내는 과정을 통해 다양한 경험이 가능하다.
셋째, 사건에 다양한 의미를 부여하는 능력이 배양된다.
사회적 문제를 다루며 교과서에 나오는 이론과 접목시켜 생각할 수 있는

기회가 만들어지는 계기가 되고 기억의 창고에 다양한 의미가 부여된 사건들이 쌓이게 된다.

넷째, 세계를 꿰뚫어보는 눈을 길러준다.

신문에는 사회·문화·정치·경제·종교·철학·스포츠·광고 등 사회 전체를 조망할 수 있는 살아 있는 교과서이므로 기존의 단편적이고 파편적인 현상의 이해가 전체적이면서 자기 주도적으로 해석할 수 있는 힘을 가지게 된다.

다섯째, 민주주의 정신을 길러준다.

신문에서 다양화 시대에 맞는 다양한 사람들의 발언, 다른 의견, 다양한 사고방식을 경험할 수 있고 모둠 토론 활동을 통해 서로 간의 경쟁보다는 바람직한 의견교환을 통한 인성교육과 그 준비와 절차 속에 숨어 있는 민주주의 정신을 키우게 한다.

물론 NIE 교육에도 몇 가지 단점은 있다. 우선 신문기사이기 때문에 활자가 작고, 문장이 어려우며, 배우지 않은 한자가 사용된다. 또 사건의 결과와 현상만 부각되고 교육적 관점이나 인권과 프라이버시에 대한 배려가 부족할 수 있다. 사회의 어두운 면과 부정적인 면이 다루어지고, 신문사나 기자의 편견이 개입되어 교재의 중립성이라는 면에서 사용하기 어려운 기사가 더러 있다.

하지만 아래의 단점들을 유의하여 단계를 정확히 설정하면 매우 훌륭한 논술교육의 도구로 활용할 수 있을 것이다.

초급: 정보 파악하기

목표 | 신문 친해지기 / 좌뇌 우뇌 키우기 / 일어나는 일에 관심 갖기 / 생각하는 힘 키우기

정보 파악하기는 저학년이나 처음 시작하는 아이를 위해 많이 사용하는 교육방법으로 교육의 목표는 신문과 친해지는 마음 열기에서부터 사물과 사건에 관심을 가지고 의미를 가짐으로써 생각하는 힘을 키우는 단계까지로 설정되어 있다.

논술의 영역을 굳이 나눈다면 읽기 영역, 쓰기 영역, 말하기 · 듣기 영역으로 나눌 수 있는데 정보 파악하기는 읽기 영역에 해당된다. 즉, 이 단계의 포인트가 되는 것은 읽기와 오려붙이기를 중심으로 한 프로그램을 통해 신문과 마음을 여는 것이며 다음 단계로 넘어가기 위해 필요한 기초능력 함양이 주 내용이라 할 수 있다.

교육목표	올바른 세계관 정립, 글 표현 능력 강화
교육방법	① 아이들에게 미리 신문지를 준비해 오도록 한다. ② 아이들에게 기본 양식을 나누어 준다. ③ "집에서 신문보는 사람" 하고 질문을 던지면서 아이들에게 자연스럽게 신문펼치기를 유도한다. "신문을 읽고 관심이 있거나 중요한 내용이라고 생각하는 부분에 형광펜으로 밑줄을 긋도록 하세요" "신문에서 가장 많은 지면을 차지하고 있는 것은 무엇인가요?"

<table>
<tr><td rowspan="1">교육방법</td><td>

⇨ 광고(신문의 40% ~ 50%까지 차지)

"그럼 준비한 스케치북에 신문의 각 지면을 오려붙이면서 면의 구성을 알아보도록 합시다."

④ "가장 첫 장은 어떤 면인가요?" "몇 면이 사회면인가요?" "또 다음은"…… 하면서 준비한 양식의 왼쪽 부분의 '각 면'에 이름을 써나가게 한다.

⑤ "가장 큰 글씨로 써 있는 것을 표제(머리기사—Headline)라고 합니다."
⇨ 기사문의 구성요소를 알려 준다

⑥ "그럼 각 면을 다 썼으면 주요 기사를 골라 헤드라인을 골라보세요"
⇨ 아이들이 직접 자르고 붙이도록 지도한다

⑦ 15분 정도 각자 해보게 하면서 교사는 직접 실습을 한 것을 칠판에 붙여 놓고 참고하도록 한다.

준비물) 기본 양식 준비, 최근 신문 2부, 스케치북, 가위, 풀, 형광펜

</td></tr>
</table>

신문의 구성요소	신문의 각 면 소개
① **제호**: 신문의 얼굴로 신문마다 제각기 다른 형태를 취하고 있으며 세로 형태와 가로, 정사각형 형태도 있다.	① **종합면**: 종합면이란 글자 그대로 뉴스의 성격을 불문하고 그 중요성이 인정되면 게재하는 면이다. 대개의 신문에서 1, 2, 3면이 종합면으로 정치, 사회, 국제뉴스 등에서 중요한 뉴스를 선택한다.
② **판수**: 판수를 보면 인쇄시기 시기를 알 수 있다. 몇 시간에 걸친 인쇄 도중 갑자기 중요한 사건이 생기는 경우 또는 기사를 정정해야 하는 경우 인쇄하는 판을 바꾼다. 이때 판을 구별해야 할 필요가 생기게 되며 판수가 높은 것이 더 최신 뉴스가 실린 기사이다.	② **오피니언 면**: 오피니언(의견)은 신문사(사설), 전문가(기고나 칼럼), 독자들의 의견들은 여러 지면에 나누어 게재되는 경우도 있고, 두 면에 걸쳐 집중적으로 게재하는 경우도 있다.
③ **등록번호 및 시기**: 국가에서 정한 절차에 맞춰 등록하고 발행하는데, 그 등록번호를 매일 일정한 자리에 인쇄한다.	③ **국제뉴스면**: 국제뉴스라도 중요한 것이면 종합 뉴스면에 실리지만 대부분의 국제 기사는 별도의 면에 실리게 된다.
④ **발행일**: 신문이 발행된 날짜. 괄호 안은 단기와 음력으로 표시한 날짜이다.	④ **기획기사면**: 많은 신문들이 독자들이 관심을 가질만한 사안을 집중 취재하여 기획기사를 게재하고 있다.

⑤ **호수**: 신문이 처음 발행되는 날부터 세어 일련번호를 붙여놓은 것이다.

⑥ **표제**: 기사의 제목이라 할 수 있다. 표제를 보면 기사를 읽지 않아도 어떤 기사인지 알 수 있다.

⑦ **리드기사**: 표제보다 자세한 설명을 해주는 것으로 기사 내용 중요한 것을 간추려 놓은 것이다. 리드기사를 보고 기사를 읽을 것인지 말 것인지 구별할 수 있다.

⑧ **사진과 사진 설명**: 한 장의 사진이 때로는 많은 기사보다 효과적일 때가 있다. 사진에는 보통 짧은 사진 설명문이 붙는다.

⑨ **기획기사**: 기획기사는 뉴스를 전하는 것이 아니라 신문사에서 사회의 관심이 있을 만한 문제를 심층 분석하여 기사를 작성하는 것으로 보통 여러 차례 나누어져 신문에 실린다.

⑩ **지면안내**: 주요기사를 보다 쉽게 찾아볼 수 있도록 실려있는 페이지를 알려준다.

⑪ **광고**: 광고는 광고를 내는 사람이 신문사에 광고를 지불하고 PR을 하는 것이다. 보통 광고주를 광고회사에 의뢰하여 전문적인 일러스트레이터들이 특색있는 광고지면을 만들어 신문사에 제공한다.

⑫ **기타**: 신문에는 매일 고정적으로 실리는 고정물이 있다. 사설, 각종 칼럼, 시사신문,TV프로그램, 일기예보, 외국어 교실, 연재소설 등이 있다.

독자들이 언제나 쉽게 찾을 수 있도록 항상 같은 면에 실린다.

⑤ **여성, 건강면(생활면)**: 이면은 사건, 사고를 다루는 것이 아니라 주로 생활정보를 다루는 면이다. 현대 사회인들의 바쁜 시간을 절약해 주고 생활에 유익한 정보도 제공한다.

⑥ **사람 사람면(인물 동정 소개)**: 주요인사들의 동정과 인사, 부음란 등이 있으며 독자들의 참여로 구성된다.

⑦ **지역면**: 지역에 관한 기사들로 이루어진 면이다. 수도권, 중부, 영남, 호남 등 지역마다 그 지역에 대한 뉴스가 실리게 된다.

⑧ **사회면**: 각종 사건, 사고의 뉴스가 실리는 면이다. 종합면과 더불어 신문의 품질을 결정하는 대표적인 면이다.

⑨ **경제면(경제섹션)**: 경제에 관한 각종 기사가 실리는 면이다. 보통 신문은 경제섹션에 두세 면 정도를 할애하고 있으나 보다 많은 정보를 편리하게 전달하기 위해 미국, 영국, 프랑스 등의 선진국에서 사용하고 있는 섹션제를 도입한 신문들도 있다.

⑩ **스포츠, 메트로, 문화면(스포츠섹션)**: 현대인들의 문화, 레저 욕구를 충족시키기 위한 면이다. 별도의 섹션을 만들어 스포츠 · 연예 · 레져면 등으로 구성하고 요일별로 독특한 섹션을 발행하는 신문도 있다.

<table>
<tr><td rowspan="2">NIE—초대장 만들기
'당신을 초대합니다'</td><td>월   일</td><td>확인</td></tr>
</table>

※ 초대장에 꼭 들어가야 할 내용은 무엇인가 생각해 봅시다.

(글씨를 신문에서 오려 붙이세요)

■ 초대장을 보내는 사람:

■ 초대받은 사람:

■ 초대장소:

■ 초대시간:

■ 초대하는 이유:

– 초 대 장 –

(   ) 에게

안녕하세요?

이번 주 (   ) 요일은 (   ) 날이에요.

바쁘시더라도 꼭 오세요.

때: (   ) 월 (   ) 일

곳: (   )

(   ) 올림

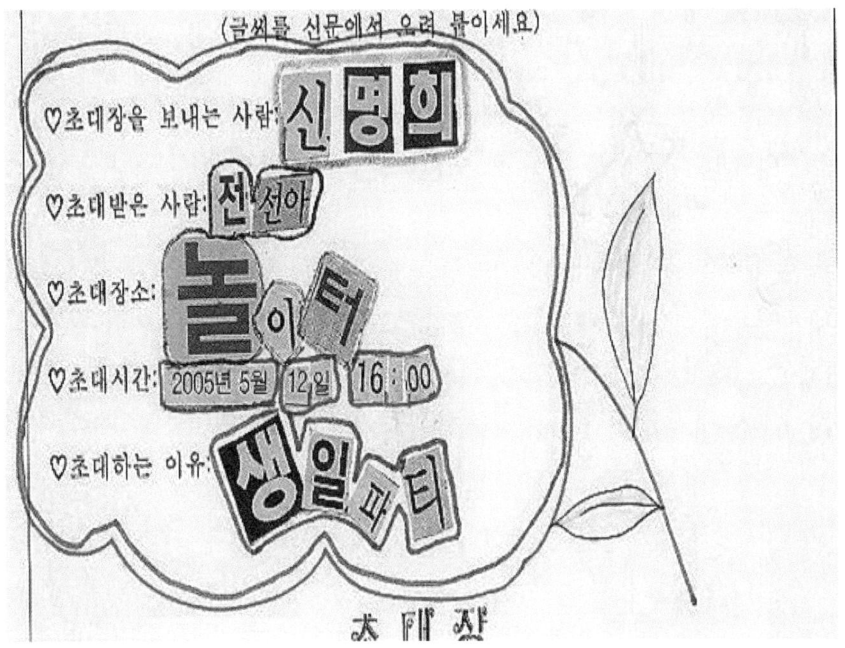

지도 도움말 NIE는 '사건에 의미 붙이는 훈련'으로 사건에 의미를 붙이기 위해서는 주변에 대한 관심이 있어야만 한다. 그리고 그 출발은 자신을 사랑하는 것이어야 한다. 그래서 NIE 교육은 자기를 드러내는 교육과정부터 상정하고 주변 사건, 사건의 주관적 해석 단계로 발전시키는 것이 무리 없는 교육설정이 된다.

중급: 내용 요약하기

목표 | 어휘력 늘리기 / 좌뇌 우뇌 키우기 / 일어나는 일에 관심 갖기 /
생각하는 힘 키우기

내용 요약하기는 내용을 생각하며 읽은 후 기사의 내용을 요약하고 자신의 느낌을 적어나가는 쓰기의 영역으로 처음 단계는 단어와 고사성어를 찾아 쓰는 단계에서부터 사실과 의견을 구분하는 단계, 그리고 최종 단계로 자신의 생각을 피력하는 단계로 나누어 교육 내용을 설정했다.

교육목표		진도 및 선행학습, 정리하는 능력, 개요 짜기 능력 강화
교육방법	1단계	**종류**: 사실과 의견 구분하기 **준비물**: 양식, 신문지 1부, 풀, 가위, 색깔 다른 형광펜 2개 ① 준비한 양식을 나누어준다. ② 기사 하나를 택하여 정독하게 한다. ③ 사실이라고 생각되는 부분에 한 색을, 의견이라고 생각되는 부분에 다른 한색을 이용하여 줄을 치게 한다. ④ 사실과 의견을 각 각 5개로 나누게 한다. ⑤ 양식에 붙이게 한다. ⑥ 붙힌 내용이 왜 사실이고 의견인지 본인의 생각을 쓰게 한다

<table>
<tr><td colspan="2" align="center">NIE – 사실과 의견구분하기</td><td align="center">월　　일</td><td align="center">확인</td></tr>
<tr><td>사실</td><td></td><td>이유</td><td></td></tr>
<tr><td>의견</td><td></td><td>근거</td><td></td></tr>
<tr><td>사실</td><td></td><td>이유</td><td></td></tr>
<tr><td>의견</td><td></td><td>근거</td><td></td></tr>
<tr><td>사실</td><td></td><td>이유</td><td></td></tr>
<tr><td>의견</td><td></td><td>근거</td><td></td></tr>
<tr><td>사실</td><td></td><td>이유</td><td></td></tr>
<tr><td>의견</td><td></td><td>근거</td><td></td></tr>
<tr><td>사실</td><td></td><td>이유</td><td></td></tr>
<tr><td>의견</td><td></td><td>근거</td><td></td></tr>
</table>

사실	종수가 1985년 126종에서 2002년 52종으로 급격하게 감소한 것으로 나타났다.	이유	연간 256억 t이나 쏟아지는 유입수의 90%는 처리를 거치지 않은 오염수 급속한 경제발전 시설부족이 주된 이유라고 한다.
의견	당장 어획량이 급격히 감소하는 것은 물론 중금속 오염으로 서해가 죽음의 바다로 변할 것이라는 우려	근거	기름이 포함된 폐수와 생활오수의 연간 배출량은 3.6억t이다. 생활쓰레기도 7500만t이나 쏟아지고 있다. ◆창장의 색깔 변화　　◆오염 나날이 심각 ◆오염의 구조화

지도 도움말　'사실과 의견 또는 이유와 근거 구분하기'에서 아이들이 정확하게 모른다고 해서 야단칠 일이 아니다. 신문은 사실과 의견, 이유와 근거로 나뉘어져 있다는 것을 알게 하고자 하는 것이요, '사실'은 '있는 그 자체 또는 일어난 사건'을 의미하고 '의견'은 '자기의 생각이 들어가 있는 부분'이라는 것을 알게 하자는 것이다. 정답 외우듯 암기시키기 위한 교육과정이 아니라는 것을 분명히 인식하고 교육에 임해야 한다.

고급: 사건에 의미 붙이기

목표 | 어휘력 늘리기 / 좌뇌 우뇌 키우기 / 일어나는 일에 관심 갖기 /
생각하는 힘 키우기

사건에 의미 붙이기는 자기 자신을 중심으로 일어나는 주변의 사건들에 대해 항상적인 관심을 가지고 깊이 있는 고민을 통해 올바른 세계관을 정립하기 위한 기초 단계이다.

어떤 사건에 의미가 붙여진다는 건 그 자신에게 매우 중요한 사건으로 기억 속에 자리잡게 되는 것으로 세계관과 직결되는 행위이다. 사건과 현상들에 대해 따뜻한 눈으로 바라보는 능력과 긍정적인 판단을 내릴 수 있는 아이로 키우는 것이 절대적으로 필요한 교육 단계이다.

교육목표		사실과 의견 구분 능력 강화, 사건에 의미 붙이는 능력 강화
교육방법	1단계	종류: 표제연구 준비물: 양식, 신문 1부, 풀, 가위 ① 양식을 나누어 준다. ② 5가지 정도의 기사를 오려 표제와 기사 부분을 나누어 자르도록 지도한다. ③ 마구 흩트러 놓는다. ④ 기사를 골라 양식에 붙이게 한다. ⑤ 기사에 맞추어 표제를 골라 붙이게 한다.
	2단계	종류: 제목바꾸기 준비물: 양식, 신문 2부, 풀, 가위 ① 양식을 나누어준다. ② 제목을 빼고 논설을 모두 자르게 한다. ③ 논설을 양식에 붙이게 한다. ④ 내용을 요약하게 한다. ⑤ 제목을 정하게 한다.

NIE – 표제 연구	월 일	확인

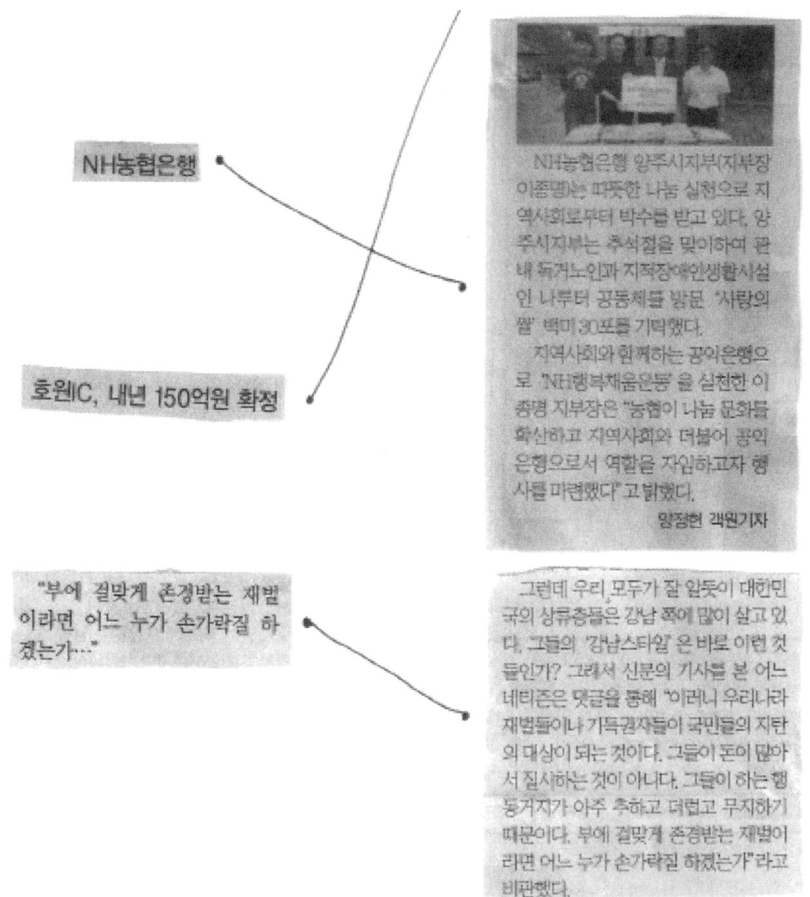

지도 도움말 NIE는 자칫 미술 시간 – '찢어 붙이기'로 전락할 수 있다. 그러므로 정확한 단계를 설정하고 교육해야 올바른 교육 결과로 이어질 수 있다. 여기서는 표제와 사건 내용의 연관성을 알도록 하는 단계로써 NIE의 교육 목표인 '사건에 의미 붙이는 훈련'으로 발전시키고 있는 것이다.

<table>
<tr><td>NIE – 제목 바꾸기</td><td>월　　　일</td><td>확인</td></tr>
</table>

제목:	요약하기
제목:	요약하기
제목:	요약하기

[실제 사례]

제화: **미 주요 언론들 '익명 소식통' 자제**	요약하기
코란 모독 사건에 관한 뉴스위크의 오보 이후 미국의 주요 언론이 기사 작성시 익명 소식통 인용을 자제키로 했다고 뉴욕 타임스(NYT) 인터넷판이 23일 보도했다. NYT는 자사를 비롯, USA투데이와 워싱턴 포스트·로스앤젤레스 타임스·NBC뉴스 등이 익명 소식통 남용을 우려해 이같이 결정했다고 전했다. 익명의 소식통 인용은 취재원 보호를 위한 것으로 미국 언론의 오랜 전통이었다.	익명 소식통 남용을 우려해 코란 모독 사건에 관한 뉴스위크의 오보 이후 미국의 주요 언론이 기사 작성시 익명 소식통 자제키로 함.
제목: **FAO "식량 위기의 원인은 분쟁"**	요약하기
기근 초래의 가장 큰 원인은 무력 분쟁이라고 엔식량농업기구(FAO)가 23일 로마 회의에 제출 보고서를 통해 밝혔다. 보고서는 '1992년부터 2003년까지 식량위기의 35% 이상은 분쟁과 경제적 문제 때문' 이라며 '86~91년의 식량위기 가운데 분쟁에 의한 것이 15%였던 것과 비교하면 이는 훨씬 높아진 것' 이라고 밝혔다. 보고서는 '무력 분쟁은 수십 년에 걸쳐 개발한 것을 수시간 내에 파괴할 수 있기 때문에 발전의 가장 중요한 장애물 중 하나' 라고 지적했다.	식량 위기의 원인은 수십 년에 걸쳐 개발한 것을 수시간 내에 파괴할 수 있는 무력분쟁이 가장 중요한 장애물 중 하나로 엔식량농업기구 (FAO)가 로마회의에 보고서를 통해 밝힘.

지도 도움말　　제목을 사건 내용과 연관하여 나름대로 정해보도록 하면서 내용 구성을 파악하는 훈련 단계이다. '제목'에서는 내용과의 연관성을 통한 창의적 표현을, '내용요약하기'에서는 정확하고 단순화할수록 칭찬을 많이 해주도록 한다.

생각 발견하기 **마인드 맵을 가르쳐라**

현상	① 똑같은 경험을 동시에 했는데 어떤 아이는 글로 줄줄 풀어내고, 어떤 아이는 글 줄조차 못 잡아낸다. ② "선생님 머리 속에서 뱅뱅 도는데 어떻게 시작해야 할지 모르겠어요?"라는 말만 되풀이한다.
지도 방법	■ 초급: 마인드 맵 빈칸 채우기 ■ 중급: 마인드 맵 그리기 ■ 고급: 마인드 맵 보고 이야기 만들기(글 만들기)

생각을 발견하는 교육을 하지 않았기 때문이다

옆의 아이는 글을 자연스럽게 써나가는데 그 옆에 앉아서 글을 쓰지 못하고 있는 다른 아이는 '자신은 머리가 나빠서 글을 못 쓴다.'며 한숨 푹푹 내쉰다. 글을 못 쓰는 아이는 글에 대한 자신감 결여, 평소에 비교 당하는 굴욕감 등 여러 문제가 복잡하게 얽혀 있지만 보다 중요한 건 경험을 소재로 발견하는 연습이 안 되어 있다는 사실이다.

글을 잘 쓰는 옆의 아이 내용을 글 못 쓰는 아이에게 읽혀 보라. 그리고 사용된 소재를 선생님이 같이 찾아 밑줄을 그어 보라! 금방 '에게! 겨우 이거였어.' 하는 표정을 지을 것이다. 왜냐하면 자기도 경험한 것이었고 잘 알고 있는 내용이기 때문이다.

시각적 · 창의적 교육을 하지 않았기 때문이다

많은 경험은 인간의 뇌 속에 복잡하게 얽혀 있고 복합적으로 저장되어 있으며 보이지 않는 곳에 어제든지 꺼내서 쓸 수 있도록 잠재되어 있다. 이 잠재된 사고를 기성의 관념 틀에 맞추어 1차적 직선적 사고 방식으로 펼쳐내려 하면 창의적인 생각이 나올 수 없다. 생각발견이 안 되는 것이다.

그러나 **다원적 사고방식**을 가지고 **입체적 · 시각적**으로 펼쳐내면 잠재된 사고는 창의적인 모습으로 나타나게 된다. 생각발견이 비로소 되는 것이다.

즉, 제목이나 명사를 주고 거기에서 **떠오르는 이미지를 낙서처럼 마구 써나가게 해보라!** 연관된 내용이 사방팔방으로 튀어나오게 되고 많은 소재들이 모습을 드러내게 될 것이다.

시각적으로 써나가지 않고 이것이 옳은 것인가, 그른 것인가를 생각하고 머리 속에서 재면 이미 그땐 뇌 속에 잠재하고 있던 이미지들은 날아가버리고 창의적인 생각이 발견되기보다는 틀에 짜여지고 아주 평범한 생각들만이 자리를 잡게 된다.

다시 한번 강조하지만 '**낙서처럼 마구 쓰게 하라.**', '**눈을 감고 떠오르는 대로 지껄이게 하라.**'

■ 극복방안: 마인드 맵을 가르쳐라

마인드 맵이 논술 교육에서 왜 중요한가?

브레인 스토밍 또는 생각그물이라고 부르는 마인드 맵은 생각하고, 읽고, 기억하는 모든 것들을 마음속에 지도로 그리는 방법을 말한다. 사고의 시각화라 할 수 있다.

즉, 마인드 맵은 복합적 사고를 시각적으로 표현한 것이고 잠겨져 있는 두뇌의 잠재적 능력으로 들어 갈 수 있는 만능 열쇠를 제공하는 그래픽 기술이다. 마인드 맵은 두뇌 생리와 호흡을 같이하는 학습도구로 좌뇌와 우뇌를 균형 있게 발전시키고 색상, 그림, 기호 등으로 창조력, 기억력, 특히 정보 회상 능력을 향상시킬 수 있다.

종전의 직선적 필기 방식이 상업시대라면 마인드 맵은 정보와 우주 시대라 명할 수 있다.

마인드 맵의 장점

1. 수업에 친근감이 생긴다.

2. 핵심파악 능력이 점차 늘어난다.

3. 학생과 선생님을 보다 친근한 관계로 발전시킬 수 있다.

4. 서로의 생각을 합쳐서 나타낼 수 있다.

5. 한꺼번에 많은 생각을 얻을 수 있다.

6. 창의적인 발상이 체득화 된다.

마인드 맵 교육시 주의 사항

1. 아이의 발전과 변화를 잘 분석해서 준비해야 한다.

2. 마인드 맵 작성 후 맵을 읽어서 이해하는지 확인해야 한다.

3. 문장 사용을 규제해야 한다.

마인드 맵 준비물   양식(또는 빈 종이), 색연필

초급: 마인드 맵 빈칸 채우기

목표 | 좌뇌 우뇌 키우기 / 생각을 시각화하기 / 창조적 생각 발견하기

마인드 맵 채우기는 저학년이나 처음 시작하는 아이들을 위해 많이 사용하는 교육방법으로 목표는 생각을 시각화하고 잠재된 이야깃거리를 자연스럽게 찾아내는 능력을 배양 습득하는 데 있다.

중급: 마인드 맵 그리기

목표 | 좌뇌 우뇌 키우기 / 생각을 시각화하기 / 창조적 생각 발견하기

마인드 맵 그리기는 자기 주도적으로 생각을 시각화시키는 능력을 배양하는 것과 함께 창조적인 생각을 어떻게 발견해내는가를 체득화하는 단계라 생각하면 된다. 특히 생각의 확산과 수렴을 동시에 체험하고 습득할 수 있는 과정이라 학생에게는 무엇보다 중요한 단계이다.

고급: 마인드 맵 보고 이야기(글) 만들기

목표 | 좌뇌 우뇌 키우기 / 창조적 생각 발견하기 / 발견한 생각 표현하기

마인드 맵 보고 이야기 또는 글로 만들기는 마인드 맵을 통해 발견된 창조적인 소재들을 이야기로 만들어 가는 표현 능력 배양 단계이고 발견된 소재의 바른 사용에 대한 인식을 심어주는 발전 단계이다.

교육목표	뇌의 고른 발달 및 창조적인 생각을 발견하고 표현하는 단계로 생각의 확산과 수렴체험
교육방법	① 양식을 제공한다.(중심 부분을 비우고 중간 중간에 빈 칸을 만들어 채울 수 있는 양식을 만든다.) ② 몇 가지 주어진 단어에서 연상되는 중심 부분의 이미지를 그리게 한다. ③ 그 이미지에 색깔을 칠하게 한다. ④ 빈 칸을 채우게 한다.(자유롭게) ⑤ 같은 생각들은 같은 색으로 색깔을 칠하게 한다.

지도 도움말 중앙에 제목을 정하게 하게 자유롭게 생각을 발전시켜 나감으로써 '창의적 생각 발견하는 힘'을 길러주는 교육 단계이다. 선택된 단어에 색을 칠하게 함으로써 그 단어는 자신의 것임을 알게 하고 자신감과 책임감을 갖도록 교육한다.

생각 넓히기 **모방하는 힘을 키워라**

분석

현상	① 집에서는 잘 떠들고 표현도 잘 하는데 발표를 못 한다. ② 숙제로 글을 써오라고 하면 뭘 써야 하느냐고 되물어 본다.
지도 방법	■ 초급: 노래 가사 바꾸기 게임 ■ 중급: 모방 시 쓰기 ■ 고급: 내용 뒤집기

모방하는 힘을 키워주지 않았기 때문이다

모방은 창조의 어머니라고 했다. 다양한 글을 접하고 다양한 표현을 익히기 위해서는 다양한 글을 직접 읽고 좋은 문장을 항시 가까이 해야만 가능한 것이다. 즉, 준비가 되어 있어야 하는 것이다. 어릴 때부터 다양한 글을 접하고 다양한 표현을 머리 속에 간직하고 있는 아이는 언제 어디서나 적절한 표현 문장을 끄집어낼 준비가 되어 있다. 이런 준비가 되어 있는 아이에게는 칭찬과 작은 용기만 불러 넣어 주면 금방 달라질 수 있다. 한 번 두 번 인정받으면 그 분야에 자신이 생기게 되고 언제 어디서나 적절한 표현 때문에 팀의 리더로 급부상하게 된다. 그러나 문제는 아무것도 준비되어 있지 않은 아이들이다. 그러나 이런 문제는 의외로 쉽게 극복이 될 수 있는데, 그것은 바로 교과서를 옮겨 쓰는 것이다. 교과서 옮겨 쓰기만 잘 해도 일정 부분은 고쳐질 수 있다. 그러나 교육은 단계를 높이고 발전시키기 위해 존재하는 것이므로 자연스럽게 글을 익히고 단계를 올리는 방법에 대해 따로 제시하는 것이다. 우리는 모방할 수 있는 분량이 머리 속에 많으면 많을수록 그것을 지식의 양이라고 말한다. 이 세상에 아무리 위대한 작가라도 모방 앞에서 자유로울 수는 없을 것이다. 따지고 보면 지금 내가 어떻게 시를 쓰게 되었고 무얼 가지고 배웠는가? 다름 아닌 어린 시절 국어 책에 나오는 동시를 따라 흉내냈던 것이 그 시초였다. 책에 나오는 동시의 글자 수에 맞추어 나의 생각을 표현했으니 그것이 음수율이요, 음보율이었던 것이요, 흰 구름 먹구름 자리에 빨강 파랑을 집어넣었으니 그것이 바로 심상의 연습이었던 것이다.

뒤집어 생각하는 힘을 키워주지 않았기 때문이다

아무도 가지 않은 길은 언제나 두렵다. 그리고 그 길을 가기 위해서는 많은 용기와 노력이 필요하다. 그러나 창조가 아니면서, 처음 가는 길이 아니면서 창조인 것이 있다. 그것은 바로 모방을 뒤집는 것이다.

모방을 뒤집어 냄으로써 창조에 이른 예를 들어 보자!

영국의 한 양치기 소년은 오늘도 말 안 듣는 양들과 씨름을 하고 있었다. 양들을 우리 안에 집어넣기는 정말 힘겨운 일이었다. 양치기 소년은 하루 하루 고민을 하다가 양들이 가시덤불 쪽으로 가지 않는 것을 발견하게 된다. 그래서 울타리로 쳐놓은 철조망에 가시같이 생긴 것을 달아보았다. 그랬더니 놀랍게도 양들이 중구난방으로 돌아다니지 않고 얌전하게 행동했고 우리 안으로 쉽게 집어넣을 수 있게 되었다. 바로 가시 철조망이 만들어지는 이야기에서 우리는 기존에 있던 것을 바탕으로 하지만 기존에 있던 것에 머무르지 않고 모방을 뒤집어 창조에 도달하는 것을 발견할 수 있다.

이러한 예는 너무나도 많다.

연필과 고무가 따로따로였다가 연필 한 자루에서 만나는 것도 모방을 뒤집어 창조에 이르는 예가 아닐까!

기존에 있는 것을 뒤집어 생각한다는 것은 누구든지 가능하다. 그러나 아예 없는 것에서 새로운 것을 창조하라고 한다면 그만큼 부담이 따를 수밖에 없다. 뒤집어 생각하는 힘은 창조로 가는 지름길이다. 아니 그 자체가 모방을 넘어 창조적인 능력을 잉태하고 있는 위대한 힘이다.

해와 바람의 싸움에서 한 번쯤은 바람이 이기는 것도 바람직한 일이 아니겠는가!

초급: 노래가사 바꾸기

목표 | 기존 틀에 자기 정서 담기 / 심상 키우기 / 창조적인 생각 갖기 / 다양한 글의 종류 익히기

노래가사 바꾸기는 저학년이나 처음 시작하는 아이들에게 효과가 있는 교육방법이다. 목표는 아이들에게 친근한 동요나 가요를 통해 표현 틀을 이해하고 자신의 정서와 심상을 그대로 자연스럽게 표현하는 능력을 배양함으로써 창조적인 생각이 먼 곳에 있는 것이 아님을 이해시키고 다양한 글의 종류를 익히는데 있다.

교육목표	표현의 틀을 이해하고 정서적인 심상 배양
교육방법	① 노래 가사를 쓴 양식을 만든다(2개). ② 노래가사 옆에 똑같은 형태로 노래를 만들게 한다. ③ 아이들 앞에게 노래로 돌아가며 발표하게 한다.

생각 넓히기 **초급**	제목 :		월 일	확인
노래 가사 바꾸기			작성자:	

기존 가사 – 세일러문	노가바 – 통일
기존 가사 – 찬찬찬	노가바 – 학교

[**실제 사례**]

기존 가사 - 통일	노가바 - 우승
우리의 소원은 통일 꿈에도 소원은 통일 이 정성 다해서 통일 통일을 이룩자 이 겨레 살리는 통일 이 나라 살리는 통일 통일이여오라 통일이여오라.	우리의 소원은 우승 꿈에도 소원은 우승 온 정성 다해서 연습 우승을 이루자 보람을 맛보는 우승 긍지를 가지는 우승 우승이여오라 우승은 우리 것

지도 도움말   우리 부모들이 학교 다니면서 자주 했던 '노가바'이다. 어렵지 않으면서 자유롭게 표현할 수 있는 방법을 아이들에게 제공할 때 비로소 우리 아이들의 생각이 커나갈 수 있을 것이다.

중급: 모방 시 쓰기

목표 | 기존 틀에 자기 정서 담기 / 심상 키우기 / 운율 연습하기 / 창조적인 생각 갖기 / 다양한 글의 종류 익히기

　모방 시 쓰기는 기존 틀을 이용하여 심상과 운율을 훈련하고 더 나아가 창조적인 생각이 시로 표현 될 수 있도록 지도하는 목표를 갖고 있다.

교육목표	모방하는 힘 기르기, 운율 감각 기르기, 표현능력 강화하기
교육방법	① 모방할 시내용을 정하고 양식을 만든다. ② 양식에 다른 것을 채워 넣을 수 있도록 지도한다. ③ 어울리지 않는 소재가 사용되었는지 확인한다. 어울리는 소재를 찾아 쓰도록 지도한다. ④ 모두 돌아가면서 읽고 가장 잘 된 학생이 누구인지 민주적으로 결정짓도록 한다. ⑤ 잘 된 작품은 아이들 앞에서 큰 소리로 운율을 타서 읽을 수 있도록 지도한다. **응용**: 주어진 틀에 맞추어 모둠별 공동시 쓰기 ① 민요처럼 돌림 노래가 될 수 있는 것을 정한다. ② 각 양식마다 주제를 달리하 돌아가면서 내용을 채우도록 지도한다. ③ 처음 출발한 주제의 내용과 일치했는지 평가한다.

<table>
<tr><td rowspan="2">생각 넓히기

중급</td><td rowspan="2">제목 :</td><td>월</td><td>일</td><td>확인</td></tr>
<tr><td colspan="3"></td></tr>
<tr><td>모방시 쓰기</td><td></td><td colspan="3">작성자:</td></tr>
</table>

원래의 시	모방시의 예
■ 살어리 살어리랏다 청산에 살어리랏다. 머루랑 다래랑 먹고 청산에 살어리랏다. ■ 님은 갔습니다. 아아 사랑하는 나의 님은 갔습니다. – 푸른나무 '열린수업 100가지'에서 뽑음.	■ 살어리 살어리랏다 도시락에 살어리랏다. 밥이랑 고기랑 먹고 도시락에 살어리랏다. ■ 표는 왔습니다. 으–악 생각키도 싫은 성적표는 왔습니다. – '함께 여는 국어 교육' 98년 봄호에서 뽑음.

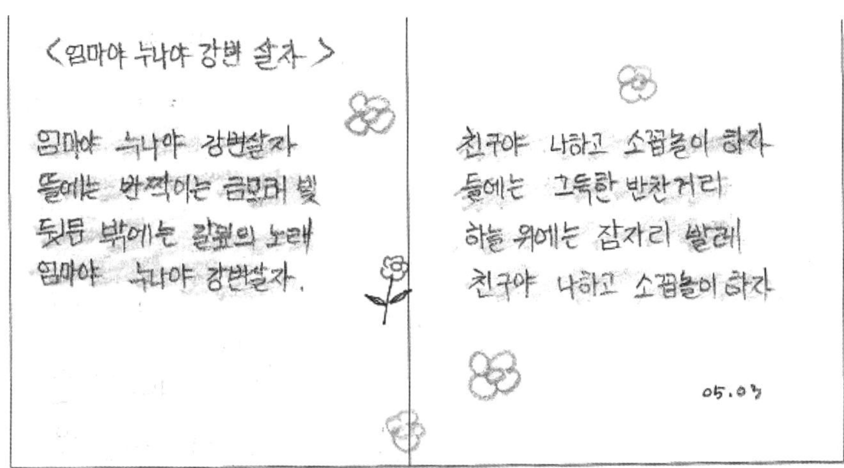

지도 도움말 모방이라는 것이 이렇게 훌륭한 학습이라는 것을 다시 한 번 느끼고 여기서 느끼는 자신감으로 훨씬 훌륭한 자신만의 작품이 완성되리라 본다. 아이의 결과물은 항상 칭찬과 연결되는 것은 논술의 중요한 교육 방법 이다.

고급: 내용 뒤집기

목표 | 창조적인 생각 갖기 / 다양한 글의 종류 익히기

내용 뒤집기는 말 그대로 내용을 정 반대로 생각하여 하나의 완성된 글을 만들어 가는 단계이다. 창조적인 글이 만들어지는 전 단계로 아이들이 무리 없게 창조적인 생각을 갖게 지도하면 효과가 크다.

교육목표	비판적 시각과, 사물에 대한 관심, 신선한 표현 능력 향상
교육방법	① 아이들이 잘 아는 평범한 내용을 선정한다.(해와 바람 같은 것들) ② 아이들에게 한 번 읽어 주고 무엇이 이 글이 전달하려는 핵심인가를 설명한다. ③ 완전히 정반대 되는 내용을 쓰도록 지도한다. ④ 발표하고자 하는 학생을 선발하여 발표하도록 지도한다.

다음은 '헨젤과 그레텔'이라는 동화를 다른 시각에서 접근한 일본 만화 작가 '마쓰야마 하나코'의 만화 내용 재구성 이유를 밝힌 전문이다. 우리는 보통 헨젤과 그레텔이 어려운 고난을 남매의 뛰어난 기지와 사랑을 통해서 위기를 극복하는 것에 포인트를 맞추어 생각했지만 이 만화의 작가는 아이들을 잡아먹으려 했던 마녀와 아침마다 깨우고 야단치는 엄마의 모습에 포인트를 맞추고 이미지를 일치시켰다. 창의성이라고 하는 것은 없는 것을 생각해내는 힘이기도 하지만 우리가 아무렇지도 않게 또는 너무나 평범한 것이어서 무심

코 지나칠 수 있는 부분을 찾아내고 생각을 확장하여 문제의 본질에 접근할 수 있는 능력 즉 있는 것에서 남들이 찾아내지 못한 것을 찾아내는 힘도 또한 넓게 보면 창의성의 일부분일 것이다. 만화를 그대로 싣고 싶었지만 저작권 문제가 발생할 수 있다고 판단되어 싣지 못했다. 내용 뒤집기에 도움이 되기를 바라는 마음으로 작가의 전문을 그대로 실어 본다.

(아이들의 교육의 효과를 높이고 싶다면 가까운 책방이나 책대여점에서 '대원씨아이'에서 출간한 「세상에서 가장 잔혹하고 아름다운 그림동화」라는 책을 찾아 직접 보기 바란다.)

헨젤과 그레텔 〈전문〉

〈그림 동화〉 중에 아는 이야기를 들어보라고 하면 이 이야기를 드는 사람이 많을 것이다. 그만큼 잘 알려져 있다. 홈퍼딩크라는 작곡가가 1893년 이 동화를 소재로 오페라를 만들었다. 이 오페라로 그의 이름을 일약 유럽에 떨쳤다고 하니 매우 히트했다고 할 수 있다.

이 오페라에 의하면, 아직 어린 헨젤과 그레텔 남매는 어머니의 심부름으로 딸기를 따러 숲으로 갔다. 어머니는 숲에 아이들을 잡아먹는 노파가 있다는 것을 모르고 있었다. 그것을 알고 곧 어머니는 아버지와 함께 아이들을 찾으러 갔다. 그러나 아이들은 숲 속에서 길을 잃고 헤매다가 해가 지자 잠들고 말았다. 늙은 마녀의 절호의 먹잇감이 되고 만 것이다. 마녀의 집으로 끌려가 화덕 안에 던져질 뻔하지만 기지를 발휘해 마녀를 밀어 넣고, 마녀에게 잡아먹힐 뻔했던 다른 아이들도 구한다. 거기에 둘의 부모가 달려와 그들은 무사히 집으로 돌아가게 된다.

　이 오페라는 기억하기 쉬운 아름다운 노래 덕분에 지금도 명작으로 상연되고 있다. 그러나 원래의 그림동화는 이 오페라와 많이 달라서 그리 감동적인 이야기는 아닌 듯 하다.

　원래 헨젤과 그레텔의 부모는 끼니조차 잇기 힘들 만큼 가난했다. 디저트용 딸기를 필요로 할 만한 생활이 아니었던 것이다. 그들은 매일 숲으로 가서 땔감이 될만한 나무를 베어다 팔았다. 어느 해, 그들이 사는 지역에 기근이 덮쳤다. 아이들을 키우기는커녕 자신들조차 먹을 것이 없어 굶어 죽을 지경이었다. 그래서 부모는 아이들을 숲으로 데려가 버려 두고 왔다. 그러나 어린 남매는 꾀를 내어 집으로 돌아왔다. 착한 아버지는 기뻐했지만 어머니는 몹시 화가 났다. 이번에는 절대로 돌아오지 못하도록 숲 속 깊은 곳에 버리고 와야겠다고 단단히 마음먹고 둘을 다시 데리고 나갔다. 아이들은 부모의 계획을 알고 있었다. 숲에 방치된 둘은 배고픔을 참으며 헤매다가 지붕은 빵, 창은 사탕으로 만들어진 집을 발견했다. 둘은 얼른 먹기 시작했다. 그러나 이것은 마녀의 음모였다. 이런 집을 만들어 놓으면 아이들을 꾀이기가 쉬울 거라고 생각했기 때문이다. 헨젤은 다음 날 닭장에 갇히고, 마녀의 맛있는 식사가 되기 위해 억지로 살찌워지는 신세가 된다. 그러나 그레텔이 용기를 내어 이 마녀를 아이들을 굽는 화덕 안으로 밀어 넣어 죽이고 말았다.

　이 이야기는 오페라의 아름다운 모험담과는 달리 원래 「버려진 아이 이야기」였다. 아침에 아이들을 꾸짖으면서 깨우는 마녀에게는 어머니의 이미지가 겹쳐진다. 아이들은 성장기에 남몰래 무서운 어머니를 죽이고 싶어하는 심리가 있는 듯하다.

어휘력을 키워라

분석

현상	① 제법 오래 글쓰기 교육을 가르쳤는데도 맛깔스러운 표현이 되지 않는다. ② 글쓰기 대회 같은 데 나가서도 "야! 멋있구나." 하고 눈에 탁 뜨이는 글을 쓰지 못한다.
지도 방법	■ 초급: 꾸미는 말 익히기 ■ 중급: 삼행시 짓기 ■ 고급: 고사성어 게임

생각을 포장하는 능력을 키워주지 않았기 때문이다

생각키우기를 통해 좋은 소재를 얻고 생각발견하기를 통해 창조적인 소재를 발견하였다 하여도 포장하는 능력이 없으면 말짱 도로묵이다. 우리가 평상시에 먹는 김치는 어느 집을 막론하고 모두가 비슷하다.

그러나 어느 집의 김치는 기가 막히게 맛있고 어느 집 김치는 영 맛이 없어 인기가 없다. 왜 그런가? 김치의 색깔, 신선도, 발효 정도가 모두 다르기 때문이다.

우리가 쓰는 언어도 김치와 같아서 누구든지 쓰는 '아 야 어 여'고 'ㄱ ㄴ ㄷ ㄹ'이다. 그것을 이용하여 포장하는 언어는 별로 색다를 것이 없다. 그런데 왜 '누구는 글을 잘 쓴다. 참 맛있게 이야기한다.'라고 이야기하는가? 그건 어느 정도의 색깔 고운 고춧가루를 썼는가, 어느 정도 머리 속에서 농익어 나왔는가, 상황에 맞게 쓰였는가의 차이가 아니겠는가!

어휘를 다양하게 습득하고 있고 거기에다 꾸미는 말들을 이용하여 잘 포장하는 능력까지 갖추고 있다면 그건 금상첨화(錦上添花)다. 동시를 쓸 때, 의태부사나 의성부사를 사용하게 해보라! 꼭 깨물어주고 싶을 정도로 아이의 글이 예쁘게 표현되는 놀라운 경험을 하게 될 것이다.

고급스런 표현을 키워주지 않았기 때문이다

2001년 제1회 경기도 초등학생 독서·독후감 때의 일이다. 초등 2학년 학생이 5~6학년 용으로 배정된 삼국지라는 어려운 글을 읽고 쓴 첫머리에는 '3번 이상 읽지 않은 사람과는 역사를 논하지 말라는 그 삼국지를 오늘 읽었다.'로 시작된다. 이 대회는 미리 책을 선택하여 읽어 올 수 없고 대회 현장에서 책을 골라야 하며 부모는 일체 관여할 수 없는 시스템으로 되어 있었고 책을 반납하고 들어가야 하기 때문에 중간중간 인용하여 글을 쓸 수 없게 되어 있었다.

이 아이는 이 대회가 원하는 많은 기준을 잘 지켰고 좋은 점수를 얻어 기억하기로는 당시 최고상이었던 경기도지사상인가 도교육감 상인가를 탔던 것으로 기억된다. 고사성어나 속담, 격언은 여러 상황을 한 번에 표현할 수 있다는 장점과 함께 다른 사람들로부터 고급스러운 어휘를 자유롭게 사용하는 능력의 소유자로 인정받게 된다는 긍정적 측면도 갖고 있다.

언제 어느 곳에서나 자유자재로 적절한 관용적 표현(속담, 고사성어, 격언)을 인용하여 사용할 수 있는 능력을 아이에게 배양시킨다면 남의 눈에 탁 띄는 글과 행동을 하게 될 것이고 어느 곳에 놓여 있던 상관없이 리더로 성장할 수 있을 것이다.

초급: 꾸미는 말익히기

목표 | 어휘력 키우기 / 부사어 사용 익히기 / 표현 익히기

꾸미는 말익히기는 저학년 때 많이 사용하는 습관을 길러 주는 것이 좋다. 말과 글이 정말로 맛깔스럽게 자리잡게 되는 첫 단계이기 때문이다.

의성어와 의태어가 올바르게 사용되도록 신경 써 지도함으로써 습관화되는 것이 중요하다.

교육목표	비판적 시각과, 사물에 대한 관심, 신선한 표현 능력 향상
교육방법	① 아이들이 잘 아는 평범한 내용을 선정한다.(해와 바람 같은 것들) ② 아이들에게 한 번 읽어 주고 무엇이 이 글이 전달하려는 핵심인가를 설명한다. ③ 완전히 정반대 되는 내용을 쓰도록 지도한다. ④ 발표하고자 하는 학생을 선발하여 발표하도록 지도한다.

교육목표		수식언 익히기, 맛깔스러운 말 익히기
교육방법	1단계	**끝말 이어가기** ① 양식을 만든다. ② 빈칸을 채우도록 지도한다. ③ 용언을 사용하거나 똑같은 단어가 사용되지 않도록 지도한다. ④ 일정기간 모아두었다가 묶어서 부모에게 확인 시킨다.
	2단계	**두 문장 잇기** ① 양식을 만든다. ② 빈칸을 채우도록 지도한다. ③ 접속어를 제대로 사용하고 있는지 확인하고 잘못 사용된 부분은 바르게 사용하도록 교육 지도한다.
	3단계	**꾸미는 말 익히기** ① 양식을 만든다. ② 빈칸을 채우도록 지도한다. ③ 의태어, 의성어 및 부사어가 적절히 사용되었는지 확인하고 잘못 사용된 부분은 바르게 사용하도록 교육 지도한다.

<table>
<tr><td>생각 포장하기

초급(1단계)</td><td rowspan="1">제목 :</td><td colspan="2">월   일</td><td>확인</td></tr>
<tr><td>끝말 이어가기</td><td>작성자:</td><td colspan="2"></td></tr>
</table>

보기	(라디오) → (오디오) → (오리) → (리본) ↓ (오이) → (이사) → (사자) → (자동차)

■ (거미) → (　　　　) → (　　　　) → (　　　　) → (　　　　)
　　↓
(　　　　) → (　　　　) → (　　　　) → (　　　　)

■ (풍선) → (　　　　) → (　　　　) → (　　　　) → (　　　　)
　　↓
(　　　　) → (　　　　) → (　　　　) → (　　　　)

■ (과수원) → (　　　　) → (　　　　) → (　　　　) → (　　　　)
　　↓
(　　　　) → (　　　　) → (　　　　) → (　　　　)

[실제 사례]

♠(거미)->(미용실)->(실내화)->(화분)->(분수대)
        ↓
(미술)->(술래잡기)->(기파전)->(전봇대)->(대나무)->(무용)

♠(사자)->(자라)->(라면)->(면도기)->(기린)->(린스)
        ↓
(자물쇠)->(쇠붙이)->(이솝우화)->(화장대)->(대율)->(율지방)

♠(학교)->(교장)->(장난)->(난쟁이)->(이쑤시개)->(개나리)
        ↓
(교문)->(문고리)->(리어카)->(카메라)->(라디오)->(오리)

 명사를 시각적인 효과를 주어 흥미를 유발시키고 같은 낱
말을 피하도록 한다. 한 단계 높여 '이미지 키우기 교육'도 괜찮은 방법이다.
'이미지 키우기 교육'은 "원숭이 똥구멍은 빨개 → 빨가면 사과 → 사과는 맛
있어"로 발전시키는 방법이다.

<table>
<tr><td rowspan="2">생각 포장하기
초급(2단계)</td><td rowspan="2">제목 :</td><td>월　　일</td><td>확인</td></tr>
<tr><td colspan="2">작성자:</td></tr>
<tr><td>두 문장 잇기</td></tr>
</table>

보기	그래서, 그러나, 그리고, 그러니까, 그러므로, 그렇지만, 왜냐하면

– 교학사 '생각의 실타래' 참조

- 일기 예보에서 비가 온다고 했다. (　　　) 나는 우산을 안 가지고 나갔다.

- 전구는 유리로 만들었다. (　　　) 잘 깨진다.

- 재익이는 씩씩하다. (　　　) 부지런하다.

- 우리는 오후에 놀이터에서 모이기로 했다. (　　　) 나는 나가지 않았다.

- 책상 정리를 안 했다. (　　　) 어머니께 꾸중을 들었다.

※ 다음에 주어진 말들의 유사한 의미를 생각나는대로 쓰시오.

노랗다 → 노르스름하다 → 노리기리하다 → 누리끼리하다 →

조용하다 → 고요하다 → 적막하다 →　　　　　→　　　　　→

[실제 사례]

♠일기 예보에서 비가 온다고 했다. (그러나) 나는 우산을 안 가지고 나갔다.

♠전구는 유리로 만들었다. (그래서) 잘 깨진다.

♠제익이는 씩씩하다. (그리고) 부지런하다.

♠우리는 오후에 놀이터에서 모이기로 했다. (그렇지만) 나는 나가지 않았다.

♠책상정리를 안 했다. (그래서) 어머니께 꾸중을 들었다.

*다음에 주어진 말들의 유사한 의미를 생각나는대로 쓰시오

노랗다 -> 노르스름하다 -> 노리기리하다 -> 누리끼리하다 -> 누르스름하다

조용하다 -> 고요하다 -> 적막하다 -> 한산하다 -> 쓸쓸하다 -> 외롭다

지도 도움말 두 문장을 잇는 접속어 사용, 비슷한 말인데 다양한 느낌을 주는 방법을 경험하고 사용할 수 있도록 교육하는 단계이다.

<table>
<tr><td rowspan="2">생각 포장하기
초급(3단계)</td><td rowspan="2">제목 :</td><td>월　일　확인</td></tr>
<tr><td>작성자:</td></tr>
<tr><td>꾸미는 말익히기</td></tr>
</table>

보기	1. 어흥, 히히힝, 꿀꿀, 부엉부엉, 개굴 개굴, 주룩주룩, 졸졸졸, 윙윙윙, 철썩 철썩, 까악까악, 재깍재깍 2. 빨리, 느리게, 높이, 깨끗이, 활짝, 뜨거운, 무서운, 둥근 네모난, 빨간, 노란, 좁은, 넓은, 작은, 큰, 귀여운, 아름다운, 시원한, 어두운 3. 구름, 햇빛, 자동차, 기차, 비행기, 눈, 친구얼굴, 학교, 동화책, 칠판, 화장실, 공부, 바다, 갈매기, 산, 나무, 풀밭

1. 비오는 소리:　　　　　　　　파도소리:
   벌이 나는 소리:　　　　　　　시계소리:
   부엉이소리:　　　　　　　　　시냇물소리:
   말우는 소리:　　　　　　　　개구리소리:
   돼지우는 소리:　　　　　　　호랑이울음소리:
   까마귀우는 소리:

2. 보기에 있는 꾸미는 말을 사용하여 문장을 만드시오.

3. 보기의 단어에 어울리는 꾸미는 말을 만드시오.

[실제 사례]

♠1. 비오는 소리- 주룩주룩   파도소리- 철썩철썩
　　벌이 나는 소리- 윙윙윙   시계소리- 재각재각
　　부엉이소리- 부엉부엉   시냇물소리- 졸졸졸
　　말우는 소리- 히히힝   개구리소리- 개굴개굴
　　돼지우는 소리- 꿀꿀   호랑이울음소리- 어흥
　　까마귀우는 소리- 까악까악

♠2. 보기에 있는 꾸미는 말을 사용하여 문장을 만드시오.
　　- 거북이가 느리게 기어갑니다
　　- 비행기가 높이 날았습니다.
　　- 장미꽃이 활짝 피었습니다.
　　- 노란 개나리가 피겠습니다
　　- 아름다운 눈을 가진 소녀
　　- 더위를 식혀주는 시원한 계곡

♠3. 보기의 단어에 어울리는 꾸미는 말을 만드시오.
　　· 구름 - 둥실둥실
　　· 햇빛 - 반짝반짝
　　· 눈 - 말똥말똥
　　· 산 - 푸른

지도 도움말　　꾸미는 말을 잘 사용하면 글은 한층 맛깔스럽게 표현이 됩니다. 평상시 글을 쓸 때도 꾸미는 말 사용을 습관화시키는 것이 중요하다. 아이가 어려워할 때는 사전을 옆에 놓고 '누가 빨리 찾나'를 이용하여 게임 식으로 유도하는 것도 좋은 방법이다.

중급: 삼행시 짓기

목표 | 어휘력 키우기 / 부사어 사용 익히기 / 표현 익히기

　삼행시 짓기는 부사어를 사용하여 문장을 만들어 봄으로써 꾸미는 말이 글 속에서 어떤 역할을 하는지 느끼고 재미와 상상력을 동시에 배양하기 위한 단계이다.

교육목표		운율 감각 기르기, 표현능력 강화하기, 창의적 글쓰기 능력 강화
교육방법	1단계	**삼행시짓기** ① 양식을 만든다. ② 진지한 태도로 문장을 만들어 가도록 지도한다. ③ 만든 내용은 전체가 돌아가면서 발표할 수 있게 한다. ④ 가장 잘한 학생을 학생들 스스로 투표에 의해 뽑고 아이들이 가마를 만들어 태우도록 지도한다
	2단계	**짧은 문장 만들기** ① 양식을 만든다. ② 진지한 태도로 문장을 만들어 가도록 지도한다. ③ 만든 내용은 전체가 돌아가면서 발표할 수 있게 한다. ④ 가장 잘한 학생을 학생들 스스로 투표에 의해 뽑고 아이들이 가마를 만들어 태우도록 지도한다.

<table>
<tr><td>생각 포장하기
중급(1단계)</td><td rowspan="2">제목 :</td><td colspan="2">월　　일</td><td>확인</td></tr>
<tr><td>삼행시 짓기</td><td colspan="3">작성자:</td></tr>
</table>

※ 주어진 단어로 삼행시를 지어 보시오.

① 중:

　학:

　생:

② 운:

　동:

　회:

③ 냉:

　장:

　고:

④ 　:

　　:

　　:

⑤ 　:

　　:

　　:

– 현일사 '선생님, 논술이 알고 싶어요' 참조

1.주어진 단어로 삼행시를 지어 보시오.
① 중: 중학교에 입학을 하였으니
   학: 학생으로 열심히 공부하고
   생: 생각을 키우는 노력을 해야겠습니다.

② 운: 운동을 하기 위해
   동: 동문회를 만들어
   회: 회의를 하였다.

③ 냉: 냉장고 문을 열어 보니
   장: 장어와 오징어가 있어
   고: 고추장을 넣어 요리를 했다.

지도 도움말   정해진 제목에 적절한 표현을 써서 내용 전달이 잘 되도록 하는 교육 단계이다. 아이들의 생각이 창의적이면서도 비판적인 의식으로 성장할 수 있도록 시사성 있는 내용으로 표현을 유도하는 것도 좋은 방법이다.

<table>
<tr><td rowspan="2">생각 포장하기

중급(2단계)</td><td rowspan="2">제목 :</td><td colspan="2">월   일</td><td>확인</td></tr>
<tr></tr>
<tr><td>짧은 문장 만들기</td><td colspan="3">작성자:</td></tr>
</table>

※ 주어진 단어를 넣어 짧은 글을 지어 보시오.

① 순수, 사랑, 아기

② TV, 화제, 흥미

③ 조상, 전통, 멋

④ 겨울밤, 군밤, 화롯불

⑤ 청소년, 미래, 책임

⑥ 어머니, 희생, 사랑

– 현일사 '선생님, 논술이 알고 싶어요' 참조

[실제 사례]

1. 주어진 단어를 넣어 짧은 글을 지어 보시오.
① 순수, 사랑, 아기
　　순수한 아기의 눈빛에는 티없이 맑은 사랑이 담겨있습니다.

② TV, 화제, 흥미
　　뉴스 사건에 흥미를 가지고 한참 보고 있는데 갑자기 TV에서
펑 하더니 화제가 발생했습니다.

③ 조상, 전통, 멋
　　우리나라 전통문화는 조상들의 슬기와 멋이 담겨져 있습니다.

④ 겨울밤, 군밤, 화롯불
　　깊어가는 겨울밤 화롯불에 군밤이 익어갑니다.

⑤ 청소년, 미래, 책임
　　우리나라 청소년의 미래는 우리 어른들의 책임이 큽니다.

⑥ 어머니, 희생, 사랑

　　어머니의 희생은 사랑없이는 불가능합니다.

지도 도움말　자신의 생각을 전달하기 위해서는 문장 구성 조건에 맞추어야 한다는 것을 익히는 교육 단계이다. 단어의 순서와는 상관없이 자기 마음대로 쓰도록 하고 문장의 논리성만 확보할 수 있도록 지도한다.

고급: 고사성어 게임

목표 | 어휘력 키우기 / 관용적 표현 익히기 / 표현 익히기

고사성어 게임은 고급스러운 어휘를 습득하여 여러 복합적인 상황을 정리 또는 청중을 압도하는 능력을 배양하는 데 있다. 우리 국어는 70%가 한자와 결합되어 있기 때문에 어휘력 강화에 필수적인 단계라 하겠다.

교육목표	고급스런 어휘 선택 능력 및 표현력 강화
교육방법	① 고사성어 만들어지게 된 배경이 풍부하게 들어 있는 책을 스스로 구입하게 한다. ② 일정한 시간을 동시에 주고 10개정도 정해서 같이 외우도록 지도한다. ③ 정해진 시간이 끝나면 책을 덮게 한다. ④ 빈 A4 용지를 꺼내게 한다. ⑤ 정해진 시간에 모두 쓰게 한다. ⑥ 1등한 학생에게는 아이들이 선물을 사주도록 지시한다. **준비물** : 고사성어 만화 책, 작은 선물(학생들이 스스로 준비 한 것), 종이(또는 양식), 연필

| 생각 포장하기
고급
고사성어게임 | 제목 : | 월   일 | 확인 |
| 작성자: | | | |

- 고사성어: (   )
- 뜻:

- 고사성어: (   )
- 뜻:

- 고사성어: (   )
- 뜻:

- 고사성어: (   )
- 뜻:

- 고사성어: (   )
- 뜻:

- 고사성어: (   )
- 뜻:

乾坤一擲	건곤일척	大器晚成	대기만성
건곤(乾坤)은 하늘과 땅이라는 뜻이고, 일척(一擲)은 한번 던진다는 뜻으로, 이기면 하늘과 땅이 다 내것이 되고, 지면 하늘과 땅을 다 잃게 되는 오로지 기회가 한번밖에 없는 승부라는 뜻		큰 그릇은 오랜시간과 많은 노력을 들인 뒤에야 완성될 수 있다. 즉, 크게 될 사람은 늦게 이루어진다는 말.	
莫逆之友	막역지우	三十六計	삼십육계
서로 거슬림이 없는 친구의 뜻. 거리낌이 없이 서로 뜻이 맞는 아주 가까운 친구.		곤란할 때는 주저하지 말고 도망가는 것이 좋다.	
고사성어	我田引水	고사성어	走馬看山
뜻 내 논에만 물대기란 뜻으로 자신에게만 유리하도록 남은 생각하지 않고 행동함을 일컬음.		뜻 달리는 말에서 산 (경치) 보기란 의미로, 급하여 대충보고 지나가는 모습을 일컬음.	

지도 도움말   처음에는 입으로 많이 외우게 하고 그 다음엔 한글로 많이 쓰도록 한다. 그 다음 한문으로 쓰도록 서서히 단계를 올려 나간다. 그리고 고사성어로 정착되기까지의 상황을 잘 알고 있는 것이 중요하다. 그럼으로써 그 사용이 정확해질 수 있도록 지도한다.

생각 설계하기 **개요짜기를 가르쳐라**

분석

현상	① 글이 약간만 길어져도 앞 뒤 내용이 잘 연결되지 않는다. ② 글을 썼는데 깔끔하고 개운한 느낌보다는 뒤범벅이 된 느낌을 준다.
지도 방법	■ 초급: 글감 · 제목 · 주제 익히기 ■ 중급: 글머리 자연스럽게 쓰기 ■ 고급: 개요짜기

생각을 설계하는 힘을 키워주지 않았기 때문이다

아이들은 글을 쓸 때 마구잡이로 써내려간다. 다 써 놓고 보면 무엇을 전달하려고 썼는지 그 뜻조차 흐려지는 경우가 태반이다. 생각나는 대로 마구 써내려가는 것이 처음에는 필요하지만 시간이 지나면서는 조금씩 글쓰는 능력이 높아져야 교육의 목적이 달성되는 것 아니겠는가? 아이도 어느 정도 실력이 갖추어지면 자신의 글이 앞뒤가 안 맞는다는 생각을 갖게 되고, 어떻게 하면 자신의 생각을 제대로 전달할 수 있을까 고민하게 된다. 이때 필요한 교육이 '생각을 설계하는 능력'을 키워주는 것이다. 개요짜기─생각 설계하기는 보통 집을 지을 때 설계도와 비교할 수 있다.

어떤 목적에 따라 또는 어떤 제목이 나오느냐에 따라 어떤 내용을 주제로 어떻게 전개해 나갈 것인가를 설계할 수 있다. 이 내용이 일목요연하게 머리 속에 잡혀 있어야 완성도 높은 글을 쓸 수 있고 결과적으로 자신의 생각을 제대로 전달하는 리더의 능력이 배양된다.

생각 설계하기에 들어가기 전에 먼저 해야 할 일은 소재의 엄선이다. 아무리 창의적이고 좋은 소재가 있다 하더라도 질적으로 또 양적으로 엄선하지 않으면 빛이 안나고 무게에 짓눌려 무너져 내리게 된다.

이렇듯 소재가 엄선된 뒤에 비로소 적절하게 배치할 수 있다. 서론에 놓일 것, 본론에 놓일 것, 결론에 놓일 것이 결정되고 서론 방에 놓일 물건과 본론 방에 놓일 물건, 결론 방에 놓일 물건이 제대로 놓여야 마침내 글이 완성되는 것이요, 아름다운 풍모가 빛나게 되는 것이다.

글의 성격을 이해하는 힘을 키워주지 않았기 때문이다

〈내용 구성하기- 개요짜기- 생각 설계하기〉에서 핵심적으로 이해시켜야 할 부분은 글의 성격이다. 글은 크게 세 가지로 나누어 가르치면 아이들이 편하게 이해한다. 시간의 질서 맞추어 쓰는 글(전기문, 기행문 등)과 공간적 질서에 맞추어 쓰는 글(묘사가 필요한 글들- 친구의 얼굴, 우리 고장의 유적 등), 문제점을 파악하여 쓰는 글(원인과 결과로 이루어지는 글-강물에 물고기가 사라지는 이유 등)이 바로 그것이다.

틀을 짤 때에는 어떤 글이든 3단 구성이 보편적이지만 2단도, 4단도 또는 소설에서 배운 것처럼 5단으로 쓰는 것도 아무 상관이 없다. 다만 아이들은 너무 길게 쓰면 일관성에서 무리가 온다는 것을 염두하고 지도하는 것이 좋다. 글의 성격을 이해하면 자신이 글 쓸 목적만 정해져도 감각적으로 이미 머리 속에는 어떻게 써야겠구나가 그려진다. 거기에 개요짜기 능력이 자리잡히면 글을 쓰다가도 일관성이 습관화되어 버렸기 때문에 옆으로 나가는 것을 스스로 통제하고 잘못 나갔던 부분도 원점으로 돌려놓게 된다.

초급: 글감 · 제목 · 주제 익히기

목표 | 글감 선택능력 익히기 / 제목 정하기 / 주제와 연관 시키기

　글감 · 제목 · 주제 익히기는 글감이 글에서 제목과 주제와 어떤 연관성을 가지고 사용되는 가를 아이들이 익히는 단계로 글감이 제목과 주제가 같은 경우와 글감이 제목과 주제가 다른 경우를 상정하여 다양하게 접근할 수 있는 능력을 배양하는 데 그 초점을 맞추었다.

교육목표	제목을 정하는 능력, 주제를 정하는 능력, 거기에 다른 글감을 정하는 능력의 배양
교육방법	① 양식을 만든다. ② 양식에 맞추어 쓰도록 지도한다. ③ 글감에 따라 제목과 주제가 다르게 정하도록 지도한다. ④ 다른 학생들과 어떤 차이가 있는 지 돌아가며 발표하도록 한다.

<table>
<tr><td rowspan="2">생각 포장하기
초급

글감 · 제목 · 주제
익히기</td><td rowspan="2">제목 :</td><td>월</td><td>일</td><td>확인</td></tr>
<tr><td colspan="3">작성자:</td></tr>
</table>

<table>
<tr><td rowspan="5">보기</td><td>① 같은 글감에 제목과 주제가 같은 경우</td><td>② 같은 글감에 제목과 주제가 다른 경우</td></tr>
<tr><td>글감: 외제 물건의 수입이 늘고 있는 현실</td><td>글감: 외제 물건의 수입이 늘고 있는 현실</td></tr>
<tr><td>주제: 국산품을 애용하자</td><td>주제: 국산품을 애용하여 나라 사랑 실천하자</td></tr>
<tr><td>제목: 국산품을 애용하자</td><td>제목: 국산품을 애용하자</td></tr>
</table>

1. 글감: 우리나라에서 교통사고를 당하는 어린이는 매년 1500명을 넘는다.

   주제:

   제목:

2. 글감: 음식 쓰레기가 하루에 5톤 트럭 5천 2백 대 분량이 된다.

   주제:

   제목:

3. 글감: 에어컨 1대의 전력 소비량은 선풍기 30대와 맞먹는다고 한다.

   주제:

   제목:

4. 글감: 농산물의 수입 증가로 우리 농촌이 점점 어려움을 겪고 있다.

   주제:

   제목:

– 탑브레인 글짓기 시리즈 3호 참조

[실제 사례]

보기		① 같은 글감에 제목과 주제가 같은 경우		② 같은 글감에 제목과 주제가 다른 경우
보기	글감	외국산 제품의 수입이 늘고 있는 현실	글감	외국산 제품의 수입이 늘고 있는 현실
	주제	국산품을 애용하자	주제	국산품을 애용하여 나라 사랑 실천하자
	제목	국산품을 애용하자	제목	국산품을 애용하자

글감 1	우리나라에서 교통 사고를 당하는 어린이는 매년 1500여명을 훨씬 넘고 있다.
주제	교통 사고로부터 어린이를 보호하자
제목	어린이를 보호하자
글감 2	우리가 먹다 버린 음식 쓰레기가 하루에 5톤, 트럭 5천 2백대 분량이 된다.
주제	음식 쓰레기를 줄이자
제목	음식 쓰레기를 줄이자
글감 3	에어컨 1대의 전력 소비량은 선풍기 30대와 맞먹는다고 한다.
주제	에너지 소비를 절약하여 외화 유출을 줄이자
제목	에너지를 절약하자
글감 4	농산물의 수입이 늘어나 우리 농촌이 점점 어려움을 겪고 있다.
주제	우리 농산물을 애용하고 서로 잘 사는 나라 만들자
제목	우리 농산물을 애용하자

지도 도움말　글감과 연결하여 주제와 제목을 만들어 가는 과정을 익히는 교육 단계이다. 거기에 덧붙여 주제와 제목의 관계가 어떻게 설정될 수 있는지를 파악하도록 교육한다.

중급: 글머리 자연스럽게 쓰기

목표 | 각 단계의 역할 이해하기 / 글 성격에 맞는 표현 익히기 / 글머리쓰기 익히기

글머리 자연스럽게 쓰기는 글이 시작될 때 어떤 내용으로 시작하는 것이 글읽는 사람에 관심을 유도할 수 있으며 글에서 어떤 역할을 하고 있는지를 체득화하기 위한 교육 단계이다. 제목을 정하는 힘이 있으면 글이 정리되어 나갈 수 있듯이 글머리를 잘 쓰면 전체 내용을 어떻게 이끌어 갈 것인지가 결정 난다. 첫 출발이 무난하면 그 글은 80%가 완성된 것과 같다.

교육목표	글머리 유형 익히기, 논술 기초 잡아주기
교육방법	① 양식을 만든다. ② 양식에서 지시하는 글머리 유형에 맞추어 글을 쓰도록 지도한다. ③ 아이들이 모르는 방법은 질문을 받아 자세하게 설명한다. ④ 개인 개인 확인하고 잘못 쓰여진 부분은 수정하도록 교육한다. ⑤ 단계에 따라 내용이 변화 발전하도록 응용한다. ⑥ 일정기간 동안 모아 두었다가 변화 발전된 내용을 알리고 칭찬한다. **각 단계에서 지도해야할 내용** ① 주제: 전체 내용을 완결된 하나의 문장으로 표현해야 한다. 머릿속에서 추상적으로 생각하고 있는 내용을 구체적인 문장으로 표현해야 한다. ② 처음(서론) : 독자의 흥미 유발, 글을 쓰게된 동기, 의도, 글의 진행방향 안내 역할 ③ 중간(본론) : 독자와의 약속 이행, 글쓴이가 나타내고자 하는 주제, 생각이나 견해 깊이 있게 표현 ④ 끝(결론) : 마무리 단계, 본론 정리, 요약, 강조

<table>
<tr><td rowspan="2">생각 설계하기
중급 응용</td><td rowspan="2">제목 :</td><td>월　　　일</td><td>확인</td></tr>
<tr><td colspan="2">작성자:</td></tr>
<tr><td>글머리
자연스럽게 쓰기</td><td></td><td colspan="2"></td></tr>
</table>

※ 다음 빈 칸을 글머리 유형에 맞추어 쓰시오.

제목:○ ○ ○	글머리 유형
	시간으로 시작하는 글머리
	장소로 시작하는 글머리
	사건으로 시작되는 글머리
	속담으로 시작하는 글머리
	소리로 시작되는 글머리
	정경 묘사로 시작하는 글머리
	대화체로 시작하는 글머리
	설명으로 시작하는 글머리

[**실제 사례**]

오늘 점심이였습니다. 허름한 옷차림의 한 소년이 문 위에서 울고 있었습니다.	시간으로 시작하는 글머리
교실에서 있었던 일입니다. 갑자기 종이 비행기가 사방으로 날아 다녔습니다.	장소로 시작하는 글머리
아침에 눈을 떠보니 이상하게도 이불이 축축하게 젖어 있었습니다. '어쩌지?'	사건으로 시작되는 글머리
'발 없는 말이 천리간다'라는 말이 있듯이 말을 할 때는 생각을 해서 해야 한다.	속담으로 시작하는 글머리
"와장창." 유리창이 다시 깨졌습니다	소리로 시작되는 글머리

지도 도움말　글을 쓸 때 제일 중요한 것은 머리 속에 있는 것을 드러내는 훈련이다. 어떤 방식으로든 드러내면 그 다음은 자연스럽게 연결될 수 있다. 제목을 정해줌으로써 범위를 축소하고 일관성 있는 글로 발전시키는 첫머리가 나오도록 유도한다.

고급: 개요짜기

목표 | 생각설계능력 키우기 / 통일성 키우기 / 글쓰기 실제키우기

    개요짜기는 좋은 글을 쓰기 위해 글감과 관련된 여러 가지 소재들을 체계적으로 조직해 나가는 과정이라고 할 수 있다. 개요짜기 교육은 글을 쓸 때 굳이 형식 틀에 맞추어 개요도를 만든 후 써나가게 하기 위해서 교육하는 것이 아니라 글의 종류와 제목만 정해지면 자연스럽게 글을 진행할 수 있는 능력을 키워주기 위한 즉, 습관으로 자리잡게 하기 위한 훈련임을 명심해야 한다.

교육목표		
교육방법	1단계	**종류: 글의 얼개분석** ① 양식을 만든다. ② 양식이 요구하는 내용에 맞추어 쓰도록 지도한다. ③ 소주제와 통일성을 가진 내용을 준비했는가 확인한다. ④ 틀린 부분이 왜 틀렸는지 상세히 설명해준다. ⑤ 소주제와 연관해서 다양하게 준비하도록 교육한다.
	2단계	**종류: 알리는 글 얼개분석** ① 양식을 만든다. ② 양식이 요구하는 내용에 맞추어 쓰도록 지도한다. ③ 육하원칙을 바탕으로 정확하게 쓰게 한다. ④ 개인 개인 확인하고 잘못 쓰여진 부분은 수정하도록 교육한다. ⑤ 단계에 따라 내용이 변화 발전하도록 응용한다. ⑥ 일정기간 동안 모아 두었다가 변화 발전된 내용을 상세히 알리고 칭찬을 한다. – 현일사, '선생님, 논술이 알고 싶어요' 참조
	3단계	**종류: 기본 개요 글쓰기** ① 양식을 만든다. ② 양식이 요구하는 내용에 맞추어 쓰도록 지도한다. ③ 글의 내용이 통일성을 유지하고 있는 지 개인별 확인을 한다. ④ 많은 생각을 표현하도록 독려한다. ⑤ 일정기간 동안 모아 두었다가 변화 발전된 내용을 상세히 알리고 칭찬을 한다. – 탑브레인 글짓기 씨리즈 4호 참조

<table>
<tr><td rowspan="2">생각 설계하기

고급 1단계</td><td rowspan="2">제목 :</td><td>월</td><td>일</td><td>확인</td></tr>
<tr><td colspan="3"></td></tr>
<tr><td>글의 얼개 분석</td><td></td><td colspan="3">작성자:</td></tr>
</table>

조건	영미는 미국에 있는 펜팔 친구에게 편지를 쓰려고 합니다. 우리 나라 음식문화를 소개하는 글을 쓰려고 하는데, 쓰기 전에 먼저 어떻게 글을 구성해야 할지 생각해 보았습니다. 주어진 조건에 맞추어 내용을 준비하시오.

◎ 처음 : 인사말, 용건 소개

◎ 가운데 : (1) 우리나라 고유의 음식

    – 쌀로 지은 밥을 먹는다. 국과 함께 먹는다.

    –

    (2) 음식을 만들거나 먹는 데 쓰는 우리 고유의 기구

    – 숟가락을 사용한다. 쇠나 나무로 된 젓가락을 사용한다.

    –

    (3) 우리 고유의 식사 예절

    – 떠들지 않는다.

    –

◎ 끝 : 맺음말 쓰기

– 두산 동아 앞선 논술 11단계 참조

[실제 사례]

◎ 처음 : 인사말, 용건 소개
　　　　날씨나 건강으로 시작하면 무난
　　　　우리 나라 음식문화 소개

◎ 가운데 : (1) 우리나라 고유의 음식
　　　　*쌀로 지은 밥을 먹는다.
　　　　*국과 함께 먹는다.
　　　　* 발효과학 김치가 반찬의 핵심이고
　　　　* 몸에 좋은 콩으로 만드는 음식, 두부, 된장찌개 등이 밥상을 장식

　　　　(2) 음식을 만들거나 먹는 데 쓰는 우리 고유의 기구
　　　　*숟가락을 사용한다.
　　　　*쇠나 나무로 된 젓가락을 사용한다.
　　　　* 밥을 풀 때 주걱 사용
　　　　* 김치를 보관할 때 특별히 딤채나 항아리 사용

　　　　(3) 우리 고유의 식사 예절
　　　　*떠들지 않는다.
　　　　* 밥 한 톨이라도 소중히 생각
　　　　* 어른이 먼저 수저를 들어야 아이들 두다.
　　　　* 밥 먹으며 다른 것을 하지 않는다

◎ 끝 : 맺음말 쓰기
　　　　그래서 우리나라는 훌륭한 음식 문화를 가지고 있고 그 것을 자랑스럽게
　　　　생각한다. 다음 답장에 너희 나라 음식에 대해 알 수 있도록 써줬으면
　　　　좋겠다는 당부의 끝 맺음.

지도 도움말　　개요짜기 훈련은 주어진 조건을 풀어내는 과정에서부터 주어진 조건에 맞추어 쓰는 과정을 거쳐 자신이 직접 개요를 만들고 써 보는 과정까지로 설정하는 것이 좋다.

<table>
<tr><td rowspan="2">생각 설계하기
고급 2단계</td><td rowspan="2">제목 :</td><td>월</td><td>일</td><td>확인</td></tr>
<tr><td colspan="3"></td></tr>
<tr><td>알리는 글 얼개 분석</td><td></td><td colspan="3">작성자:</td></tr>
</table>

누가	서울특별시
언제	1994년 9월 17일
어디서	서울특별시
무엇을 어떻게	5만 6천1백 11개 건물에 대해 1백76억7천9백67만원을 94년도 교통정체 유발 부담금으로 확정 부과했다.
왜	도심 교통 정체를 유발하는 건축 연면적 1천 ㎡ 이상의 시설물에 대해 부과되는 것으로 교통 시설의 정비 확충 등에 소요되는 재원으로 활용하기 위해서

※ 위의 주어진 정보를 토대로 신문 기사문을 작성하시오.

– 현일사 '선생님 논술이 알고 싶어요' 참조

[실제 사례]

서울특별시는 1994년 9월 17일 서울특별시 전역에
5만 6천 1백 11개 건물에 대해 1백 76억 7천 9백 67만
원을 교통정체 유발 부담금으로 확정 부과했다.
도심 교통 정체를 유발하는 건축 연면적 천 m^2 이상의
시설들에 대해 부과 되는 것으로 교통 시설의 정비 확충 등에
소요되는 재원으로 활용하기 위해 이같은 정책을 계획했다고
발표했다.

지도 도움말　내용의 순서에 맞추기보다는 자기가 전달하고자 하는 것이
잘 드러나도록 썼는가가 더 중요하다. 그리고 있는 내용뿐만이 아니라 자기
의 생각을 덧붙이더라도 논리성을 갖추고 있다면 좋은 글이다.

<table>
<tr><td rowspan="2">생각 설계하기
고급 3단계</td><td rowspan="2">제목 :</td><td>월　　　일</td><td>확인</td></tr>
<tr><td colspan="2"></td></tr>
<tr><td>기본 개요 글쓰기</td><td></td><td colspan="2">작성자:</td></tr>
</table>

논제	학원 폭력의 심각성
주제	비행 청소년인 친구에 대해 우리가 할 수 있는 일과 학원 폭력 근절 방안
꼭지키기	▶ '학원 폭력을 추방하자'라는 주제로 쓸 것 ▶ 같은 학교에서 생활하는 친구로서 폭력학생에 대해 어떻게 생각하는지 자신의 생각을 쓸 것

※ 위의 주어진 정보를 토대로 신문 기사문 개요를 작성하시오.

– 탑 브레인 '글짓기 시리즈 4호' 참조

〈기본 개요 글쓰기 자료〉

논제	우리가 사는 환경을 보호하기 위한 방안
주제	• 산림을 보호하자 • 산림을 보호하자 • 푸른 숲을 가꾸자
꼭 지키기	▶ 스위스, 캐나다, 호주 등의 나라가 아름다운 자연으로 오늘날 관광 대국이 었다. ▶ 가뭄, 장마의 피해를 생각해 본다. ▶ 산불의 피해
논제	어린이 문화를 가꾸자
주제	• 어린이 문화를 가꾸자
꼭 지키기	▶ 가요와 동요 ▶ 동화책과 컴퓨터 오락 ▶ 놀이터와 놀이 동산 ▶ 순수해야 할 어린이들이 어른들의 문화, 외래 문화에 물들어 가고 있는 현 실에 비추어 우리 어린이들이 누릴 수 있는 어린이 문화에 대해 쓴다.
논제	대중매체의 발달과 우리의 생활
주제	• 통신의 발달로 인한 생활의 편리함 • 교통 수단의 발달로 인한 경제 발전 • 전자 제품의 기술발달로 인한 부정적 영향
꼭 지키기	▶ 대중 매체의 발달로 인한 편리함과 거기에서 비롯되는 부정적 영향에 대 해 비교 대조로 쓴다.
논제	함께하는 이웃
주제	• 서로 도우며 살자 • 공중 도덕을 지키자 • 불우 이웃을 돕자
꼭 지키기	▶ 이웃과 함께 나누며 살았던 조상들의 지혜(향약, 품앗이, 두레) ▶ 명절 때 불우 이웃에 대한 나의 관심을 생각해 본다.

효과적인 표현을 가르쳐라

분석

현상	① 글이 참신한 느낌이 안 들고 피부에 와 닿지 않아 구체성이 떨어진다. ② 생동감이 넘치고 강렬한 느낌을 받지 못 하는 경우가 많다. ③ 표현은 좋은 것 같은 데 글을 읽은 뒤 여운으로 남아 있지 않는다.
지도 방법	■ 초급: 비유법 익히기 ■ 중급: 변화법 익히기 ■ 고급: 강조법 익히기

생각을 구체적으로 드러내는 능력을 키워주지 않았기 때문이다

다른 아이의 글은 참신하다는 느낌이 드는데 우리 아이의 글은 뭘 이야기 하는지도 잘 모르겠고 참신하다는 느낌도 들지 않는다. 왜 그런 느낌이 드는 걸까? 물론 이런 평가에는 부모의 비교 심리가 작용한 부분도 있다. 그러나 참신성의 문제는 대부분 분명히 글에 차이가 있다. 무엇이 차이인가? 한 아이의 글은 피부에 와 닿도록 표현하였고 우리 아이의 글은 피부에 와 닿지 않게 표현되었기 때문이다.

피부에 와 닿는다는 말은 '자신의 생각을 구체적으로 드러냈다.'는 이야기 이다. 여기서 구체적이라는 말에 주목할 필요가 있다. 구체적이라는 말은 눈에 보이고, 피부에 와 닿고 그래서 머리 속으로 인지(認知)가 되는 것을 말한다.

　그러나 아이들의 생각은 추상적인 경우가 많다. '추상적이다.'라는 것은 눈에 보이지도 않고 손으로도 느껴지지 않는, 얼핏 현상이 있는 것 같다가 다시 생각하면 허상인 '사랑' 같은 말을 의미하는데 아이들은 이런 추상적인 것을 구체적으로 환원시키는 능력이 약하다. 추상적인 생각과 연결할 구체적인 사물을 모르거나 경험하지 못해서가 아니라 구체화시키는 방법을 교육받지 못했기 때문이다.

　구체적으로 표현하는 방법은 의외로 간단하다. 자기 주변에 널려 있는 구체적인 사물을 연관시켜 자신의 생각을 드러내는 훈련을 시키면 된다. 예를 들어, '하늘이 바다같이 넓고 푸르다.' '나비날개처럼 생긴 나뭇잎.' '산이 날개치며 날아 온다.' '물 아래 웃음 짓는 샘물' '내 마음은 호수' 즉 주변에 구체적인 사물들을 연관시키는 힘을 길러주고 '처럼, 같은'이나 '은, 는' 등을 이용하여 연결하는 습관을 키워주면 구체적으로 자신의 생각을 드러내고 읽는이의 피부에 가 닿는 글이 만들어 질 수 있다.

　추상적인 생각을 사물과 연관 시키고 구체적으로 드러내는 힘을 키워 보라! 냉장고에서 갓 꺼낸 풋과일 같은 우리 아이의 글을 만나게 될 것이다.

변화와 강조하는 힘을 키워주지 않았기 때문이다

　민주화 시대로 들어서고 노무현 정부가 들어서면서 우리나라는 본격적으로 토론의 시대가 열렸지만 우리가 어렸을 때는 웅변의 시대였다. (토론의 시대가 열리는 이유에는 시대적 변화와 사회적 환경의 요구가 있기 때문이지만 '민주화 시대이니 토론의 시대다.'라는 이분법적인 발상은 안 된다. 나는 토론은 토론대로 웅변은 웅변대로 지도자가 갖추어야 할 능력과 자질이라고 생각한다.) 아무튼 우리는 봄 여름 가을 겨울 줄창 운동장에 모여 "이 연사 뜨겁게 뜨겁게 외칩니다."를 들어야만 했다. 그 시절로 가만히 눈을 감고 돌아가 보자. 어떤 얼굴 모르는 학생이 나와서 큰 소리로 외치는데 무슨 내용인지는 모르지만 머리 속에 잊혀지지 않는 건 말을 할 때 어떤 학생이건 똑같이 작은 내용에서 부터 큰 내용으로 발전시켰거나(점층법) 큰 내용을 작은 내용으로 변화(점강법)시켰다. 또는 똑같은 말을 반복했었다(반복법)는 기억만큼은 머리 속에 선명하게 자리잡고 있다.

왜 이런 기억이 오랜 시간이 지났는데도 우리 머리 속에 남아 있었던 것일까? 그건 청자로부터 새로운 관심을 불러일으키고 인상을 깊게 남게 하는 변화법(變化法)이나 강렬하고 절실한 인상을 남기는 강조법(强調法)을 사용했기 때문이다. 그랬기에 당시 웅변하던 아이들의 모습은 모두 똑같은 형태로 머리 속에 각인되어 있었던 것이다. 변화법이나 강조법은 자신의 생각을 가장 효과적으로 표현해 내는 방법으로 표현의 마지막 단계에서 꼭 거쳐야 할 과정이다.

생각해보라! 변화가 없는 민밋한 글 구성과 자신감 없는 제스처, 무얼 표현하고 강조하려는지 그 초점이 불분명한 표현은 청중을 자신의 생각과 행동 쪽으로 설득해 갈 수 있겠는가!

아이들에게 **변화와 강조의 기법을 가르쳐라!** 자칫 문장이 단조롭고 평범하게 흘러갈 수 있는 것을 막고 표현 방법에 변화를 주어 생동감 있는 문장이 되게 하라. 청자나 독자의 관심을 불러일으키고 글과 말의 뜻을 인상 깊게 하는 능력과 지루할 수 있는 분위기를 강렬하게 뒤바꿈으로써 표현하고자 하는 바를 한층 더 강렬하고 절실하게 드러내는 능력을 갖추고 있다면 어찌 그 아이가 미래의 지도자로 성장하지 않겠는가?

초급: 비유법 익히기

목표 | 비슷한 사물 연결하는 능력 키우기 / 비유법 문장으로 익히기 / 비유법 표현 능력 익히기

1단계 비슷한 사물 연결하기는 저학년 때 시작하는 것이 좋다. 그러나 여기서 조심해야 할 것은 아이가 유사한 사물을 찾을 때 항상 틀에 박힌 이유 때문에 똑같은 사물을 계속 지적한다면 창의력이 떨어질 수가 있으므로 변화를 인지할 수 있는 지속적인 관심과 정확한 단계 설정이 필요하다.

2단계 비유법 문장으로 익히기나 **3단계인 비유법 표현 능력 익히기**는 고학년 위주로 가르치고 생각 설계하기나 어휘력 키우기 모방하기 등을 거친 학생들에게 적용하는 것이 효과가 크다.

비유법은 중학생 고등학생들도 계속 배우는 내용이므로 기초를 잡아줄 때 확실히 잡아 주는 것이 좋으나 억지로 암기하게 하기보다는 자연스럽게 습관화시키면서 이론 체계를 잡아주는 것이 지도력을 키우는 데 도움이 된다.

교육목표	비슷한 사물 끌어들이기를 통해 비유법 문장을 익혀 자신의 생각을 구체적이면서 자유롭게 펼칠 수 있는 능력 배양	
교육방법	1단계	**비슷한 사물 연결하여 말하고 쓰기** ① 양식을 만든다.(되도록이면 한쪽은 추상적인 어휘를 다른 한쪽은 구체적인 그림들을 순서 없이 마주 보게 나열 한다.) ② 양식이 요구하는 내용에 맞추어 쓰도록 지도한다. ③ 어떤 부분이 비슷하다고 느꼈는지 말하게 한다. ④ 말한 내용을 양식 안에 쓰게 한다. ⑤ 완성된 양식은 일정 기간 모아 두었다가 재검토한다. ※ 양식에 들어 있는 내용을 가지고 연상되는 그림을 그리고 색칠을 해서 연상력을 더욱 키워준다.
	2단계	**비유법 문장으로 익히기** ① 양식을 만든다. ② 양식이 요구하는 내용에 맞추어 쓰도록 지도한다. ③ 선택한 이유와 선택한 말이 잘 어울리는지 본인의 생각을 이야기 하게 한다. ④ 완성된 양식은 일정 기간 모아 두었다가 재검토한다. ⑤ 능력이 상승되고 있음을 인지시키고 칭찬을 한다.
	3단계	**비유법 표현으로 익히기** ① 양식을 만든다. ② 양식이 요구하는 내용에 맞추어 쓰도록 지도한다. ③ 비유법이 습관화, 이론화 되었는지 정확하게 채점을 해야 한다. ④ 완성된 양식은 일정 기간 모아 두었다가 재검토한다. ⑤ 능력이 상승되고 있음을 인지시키고 칭찬을 한다.

<table>
<tr><td rowspan="2">생각 표현하기
초급(1단계)
비유법 특성
이해하기</td><td rowspan="2">제목 :</td><td>월　　일　　확인</td></tr>
<tr><td>작성자:</td></tr>
</table>

비유법의 뜻	표현하고자 하는 원관념(A)을 구체적으로 표현하기 위해 구체적인 사물인 보조관념(B)를 끌어들여 빗대어 표현하는 방법	
은유법	'A는 B' 'A의 B' 형태로 연결하여 빗대어 표현하는 방법	*오월은 (　　　　　　)이다. *바다는 (　　　　　　)이다.
직유법	'마치 ~처럼, ~인 듯, ~인 양, ~같이' 등으로 연결하여 빗대어 표현하는 방법	*쟁반같이 (　　　　　　) *이슬처럼 (　　　　　　)
활유법	끌어들인 사물에 생명을 부여하여 표현하는 방법	*방안 가득 뛰어다니는 (　　　) *메아리가 (　　　　　　)
의인법	끌어들인 사물에 인격을 부여하여 표현 방법	*꽃은 (　　　) 나무는 (　　　) *산새가 (　　　　)
대유법	부분적인 특징에 무리 전체를 대표하는 대표성을 부여하여 그 대표성을 가지고 빗대어 표현하는 방법	*아버지께서는 약주를 좋아하신다. (약주 → 술을 대표) *사람을 바지저고리로 아느냐? (바지저고리 → 못난 사람)
풍유법	비꼬아 공격할 목적으로 속담, 격언, 고사성어를 끌어들이는 표현방법	*원숭이도 나무에서 (　　　) 있다. *(　　　　　)가 요란하다.
의태법 의성법	사물의 소리나 행동의 특징을 그대로 옮겨 표현하는 방법	*으르렁 쾅쾅 (　　　) 소리 *(　　) (　　　)하며 잠 못 이루는 밤
우화법	동식물을 인간으로 표현하여 사람에게 교훈을 줄 목적으로 표현하는 방법	*토끼전, 이솝이야기 등

[실제 사례]

은유법	'A는 B' 'A의 B' 형태로 연결하여 빗대어 표현하는 방법	*오월은 (계절의여왕)이다. *바다는 (넓은 마음)이다.
직유법	'마치 ~처럼, ~인 듯, ~인 양, ~같이'들으로 연결하여 빗대어 표현하는 방법	*쟁반같이 (둥근달) *이슬처럼 (영롱한눈망울
활유법	끌어들인 사물에 생명을 부여하여 표현하는 방법	*방만 가득 뛰어다니는 (그림자) *메아리가 (손짓하여 나를 부른다.
의인법	끌어들인 사물에 인격을 부여하여 표현 방법	*꽃은 (웃고) 나무는 (슬픔추며 *산새가 (노래한다)
대유법	부분적인 특징에 무리 전체를 대표하는 대표성을 부여하여 그 대표성을 가지고 빗대어 표현하는 방법	*아버지께서는 약주를 좋아하신다.(약주-> 술을 대표) *사람을 바지저고리로 아느냐(바지저고리-> 못난사람)
풍유법	비꼬아 공격할 목적으로 속담, 격언, 고사성어를 끌어들이는 표현 방법	*원숭이도 나무에서 (떨어질때가)있다 *(빈 수레)가 요란하다
의태법 의성법	사물의 소리나 행동의 특징을 그대로 옮겨 표현하는 방법	*으르렁 쾅쾅 (천둥) 소리 *(마음이)(두근두근)하며 잠 못 이루는 밤
우화법	동식물을 인간으로 표현하여 사람에게 교훈을 줄 목적으로 표현하는 방법	*토끼전, 미술이야기 등등

 중학생이 되어서도 사용해야 할 부분이므로 이론적으로도 정립이 되게 교육한다. 빈 부분들을 채우며 실제 경험이 되도록 지도하고 각각의 특징이 어떻게 살아나는지 직접 말을 하도록 유도해 본다.

<table>
<tr><td rowspan="2">생각 표현하기

초급 2단계

비유법 문장으로
익히기</td><td rowspan="2">제목 :</td><td>월　　　일</td><td>확인</td></tr>
<tr><td colspan="2">작성자:</td></tr>
</table>

※ 다음 주어진 문장에 사용된 비유법의 종류를 쓰고, 다른 문장으로 고치시오.

1) 영희는 (천사)처럼 마음이 곱다 →

2) 내 마음은 (호수)다 →

3) 구름에 (달) 가듯이 →

4) 푸른 하늘 은하수 (하얀 쪽 배)에 →

5) 바다는 천연 자원의 (보물창고)이고, 자연의 균형을 지켜주는 (조정자)
　　→

6) 오월은 하얀 손가락에 끼어 있는 (비취반지) →

7) 가을 하늘은 (물고기등) 같이 푸르다 →

8) 산새가 지지배배 (노래)한다 →

9) 꽃은 (웃고) 버들가지는 (춤을 춘다) →

10)풀잎은 퍽도 (아름다운 이름)을 가졌어요 →

11) (쟁반)같이 (둥근달) →

12) (새벽이슬)처럼 (깨끗한 얼굴) →

13) 그녀의 얼굴은 (보름달) 같이 (밝고 화사)하다 →

14) 단풍 든 가을산은 (한복입은 여인네) →

15) 충고를 잘하는 동명이는 (아버지)와 같은 존재이다 →

16) 여름철의 그늘은 (피서지)이며, (휴식처)이며 삶의 (충전소)이다
　　→

17) 먼 산이 (다가 온다) →

18) 어머니의 손이 (고목 껍질) 같다 →

19) (지렁이도) 밟히면 꿈틀거린다 →

20) (산더미) 같은 파도 →

[실제 사례]

6) 오월은 하얀 손가락에 끼어 있는 (비취반지)-> (은유법)오월은 하얀 손가락에 끼어 있는 풀잎 반지

7) 가을 하늘은 (물고기등) 같이 푸르다-> (은유법, 직유법)가을 하늘은 바다 같이 푸르다

8) 산새가 지지배배 (노래)한다-> (의인법) 산새가 지지배배 합창한다

9) 꽃은 (웃고) 버들가지는 (춤을 춘다)-> (의인법) 꽃은 노래하고 버들가지는 박수를 친다

10) 풀잎은 퍽도 (아름다운 이름)을 가졌어요->(의인법)풀잎은 퍽도 가냘픈 몸을 가졌어요.

11) (쟁반)같이 (둥근달)->(직유법) 호수같이 넓은 마음

12) (새벽이슬)처럼 (깨끗한 얼굴)->(직유법) 봄처럼 따뜻한 마음

13) 그녀의 얼굴은 (보름달) 같이 (밝고 화사)하다->(직유법)그녀의 얼굴은 촛불 같이 밝고 환하였다

14) 단풍 든 가을산은 (한복입은 여인네)=> (의인법. 직유법) 단풍든 가을산은 꼬까손에들린도라지

지도 도움말   어떻게 표현하면 내 표현이 읽는 사람의 피부에 가 닿고 구체적인 그림으로 그려질 수 있는지 비유법의 종류를 분석하게 한 후 직접 표현하도록 지도한다.

<table>
<tr><td>생각 표현하기

초급 3단계</td><td rowspan="2">제목 :</td><td>월</td><td>일</td><td>확인</td></tr>
<tr><td>비유법 표현으로
익히기</td><td colspan="3">작성자 :</td></tr>
</table>

※ 다음 문장을 읽고 비유법이 사용된 부분을 빨간 색으로 밑줄 긋고 사용된 비유법의 종류를 쓰시오.

옥에도 티가 있다는데, 가을 하늘에는 얼 하나 없구나! 뉘 솜씨로 물들인 깁일런가? 남(藍)이랄까, 코발트랄까, 푸른 물이 뚝뚝 듣는 듯하구나!

내 언제부터 호수를 사랑하고, 바다를 사랑하고, 대양(大洋)을 동경하였던가? 내 심장은 저 창공에 조그마한 조각배가 되어, 한없는 항해를 계속하여 마지않는, 알뜰한 향연을 이 철마다 누리곤 한다.

– 이희승의 '청추수제' 中

→

새벽 다섯 시 무렵의 숲은 온통 새들의 노래로 찬란한 꽃밭이다. 공기 그 자체가 새 소리로 가득차 있는 것 같다. 안개와 이슬에 젖은 나무들의 새벽잠을 깨우려는 듯, 이 골짝 저 골짝에서 온갖 새들이 목청껏 노래를 한다. 그들은 살아 있는 기쁨을 온몸과 마음으로 발산하고 있는 것 같다.

→

[실제 사례]

* 옥에도 티가 있다는데, 가을 하늘에는 티 하나 없구나! 뉘 솜씨로 물들인지 이런가? 남(藍)이랄까 코발트랄까, 푸른 물이 뚝뚝 듣는 듯하구나!
  내 언제부터 호수를 사랑하고, 바다를 사랑하고, 대양(大洋)을 동경하였던가? 내 심장은 저 창공에 조그마한 조각배가 되어, 한없는 항해를 계속하여 마지않는, 알뜰한 향연을 이 철마다 누리곤 한다. - 이희승의 '청추수제' 中

→
① 가을하늘 ⓐ 은유법 ⓑ 은유법 ⓒ 은유법 ⓓ 은유법
ⓔ 의성법
③ 은유법

* 새벽 다섯 시 무렵의 숲은 온통 새들의 노래로 찬란한 꽃밭이다. 공기 그 자체가 새 소리로 가득차 있는 것 같다. 안개와 이슬에 젖은 나무들의 새벽잠을 깨우려는 듯, 이 골짝 저 골짝에서 온갖 새들이 목청껏 노래를 한다. 그들은 살아 있는 기쁨을 온몸과 마음으로 발산하고 있는 것 같다.

→
① 은유법   ④ 의인법   ⑦ 직유법
② 과장법   ⑤ 직유법
③ 과장법   ⑥ 의인법

지도 도움말 실제 문장에서 비유법이 어떻게 사용되었는지 이론적으로 접근함으로써 표현 능력을 되짚어 강화하는 교육 단계이다. 부분 부분 빠뜨리지 말고 어떤 표현법이 사용되었는지 이론적으로 접근하도록 지도한다.

중급: 변화법 익히기

목표 | 변화주기 특성 이해 / 변화법 문장 익히기 / 변화법 표현능력익히기

    1단계 변화주기 특성 이해는 문장이 단조롭고 평범하게 흘러가지 않도록 표현 방법에 변화를 주어 독자에 새로운 관심을 불러일으키고 글의 뜻을 인상 깊게 남길 수 있는 효과가 있음을 교육 하는 데 그 목적이 있다면

    2단계 변화법 표현능력 익히기는 표현하는 실제 상황에 부딪혔을 때 적재적소에 끄집어내어 적절하게 사용할 수 있는 능력을 배양하는 데 그 목적이 있다고 하겠다.

교육목표		문장이 단조롭고 평범하게 흘러가지 않도록 표현 방법에 변화를 주어 독자에 새로운 관심을 불러일으키고 글의 뜻을 인상 깊게 남길 수 있는 능력 배양
교육방법	1단계	**변화주기 특성 이해하기** ① 양식을 만든다. ② 양식이 요구하는 내용에 맞추어 쓰도록 지도한다. ③ 바꾸었을 때 어떤 느낌이 들었는지 이야기 하게 한다. ④ 완성된 양식은 일정 기간 모아 두었다가 재검토한다.
	2단계	**변화법 표현으로 익히기** ① 양식을 만든다. ② 양식이 요구하는 내용에 맞추어 쓰도록 지도한다. ③ 변화법이 습관화, 이론화 되었는지 정확하게 채점을 해야 한다. ④ 완성된 양식은 일정 기간 모아 두었다가 재검토한다.

<table>
<tr>
<td colspan="2">생각 표현하기
중급(1단계)

변화주기 특성
이해하기</td>
<td>제목 :</td>
<td>월</td>
<td>일</td>
<td>확인</td>
</tr>
<tr>
<td colspan="2"></td>
<td></td>
<td colspan="3">작성자:</td>
</tr>
</table>

대구법	비슷한 말을 나란히 배열하여 문장의 변화와 리듬을 만드는 표현법	*참배나무에는 참배가 ( ), 돌배나무에는 ( ) 열리는
반어법	마음속에 있는 생각과는 정반대로 표현하여 보다 큰 효과를 거두는 방법(반대로 표현)	*하는 행동이 밉고 거슬릴 때 → *떡볶기를 많이 안 줄 때 →
역설법	언뜻 보기에는 어긋나는 말로 앞 뒤가 안 맞아 보이지만 조금도 새기고 생각하면 멋지고 이치에 맞는 말(모순된 표현)	*이별이 만드는 ( ) *( ) 태양
도치법	말의 순서를 바꾸어 강한 인상을 주는 표현법(단어 위치 바꾸기)	*남으로 오라! 북으로 가자! *찬란한 슬픔의 봄을 나는 아직 기다리고 있을테요. (단어 위치를 바꾸었을 때 어떤 생각이 드는지 말하시오.)
인용법	속담, 고사성어, 격언을 글 속에 끌어들여 문장에 무게를 주고 내용을 풍부하게하는 표현법(비유법의 한 종류인 풍류법과 혼동하지 않도록)	*셋이 가면 그 중에는 반드시 ( ) 이 있다 *( )라고 소크라테스는 말했다.
설의법	문장 끝 부분에 '?'를 넣어 끝내는 표현방법	이 땅을 조국으로 가진 우리 모두의 자랑이 아니고 무엇이겠습니까?("?"을 넣으니 어떤 생각이 드는지 말하시오.)
생략법	문장 끝 부분에 '……'으로 끝내는 표현 방법	어떻게 네가…… ("……"을 넣으니 어떤 생각이 드는지 말하시오.)

[실제 사례]

대구법	비슷한 말을 나란히 배열하여 문장의 변화와 리듬을 만드는 표현법	참배나무에는 참배가 열리고	돌배나무에는 돌배나무 일리는
	위의 내용을 문장으로 완성시키시오. → 참배나무에는 참배가 열리고, 돌배나무에는 돌배가 열리는		
반어법	마음속에 있는 생각과는 정반대로 표현하여 보다 큰 효과를 거두는 방법 (반대로 표현)	*하는 행동이 밉고 거슬릴 때 *떡볶기를 많이 안 줄 때	-> 되게 예쁘긋한다 -> 무척 많이 주시네요.
역설법	언뜻 보기에는 어긋나는 말로 앞 뒤가 안 맞아 보이지만 조금도 새기고 생각하면 멋지고 이치에 맞는 말(모순된 표현)	*이별이 만드는 (축복) *(늙은) 태양	-> 이별이 어쩌하는 축복 -> 늙은 태양
도치법	말의 순서를 바꾸어 강한 인상을 주는 표현법 (단어 위치 바꾸기)	*남으로 오라! 북으로 가자! *찬란한 슬픔의 봄을 나는 아직 기다리고 있을테요	-> 강조가 되어 강한 느낌을 준다 -> 봄을 기다리는 마음이 간절하다는 것을 강하게 전달한다.
인용법	속담, 고사성어, 격언을 글 속에 끌어들여 문장에 무게를 주고 내용을 풍부하게하는 표현법(비유법의 한 종류인 풍유법과 혼동하지 않도록)	*샛어 가면 그 중에는 반드시 (소금)이 있다 *(악법도 법이)라고 소크라테스는 말했다.	-> 권위가 있는 말을 끌어들여 자신의 주장을 강하게 전달 ->
설의법	문장 끝 부분에 '?'를 넣어 끝내는 표현방법	이 땅을 조국으로 가진 우리 모두의 키다란 자랑이 아니고 무엇이겠습니까 (?)	-> "?"을 넣으니 어떤 생각이 드는지 말하시오
생략법	문장 끝 부분에 '… …'으로 끝내는 표현 방법	이 땅을 조국으로 가진 우리 모두의 커다란 자랑이 아니고 무엇이겠습니까 (……)	-> "……"을 넣으니 어떤 생각이 드는지 말하시오.

 이론과 실제가 병행되도록 지도한다. 변화법이 글 속에서 하는 역할이 무엇인지 다시 한 번 확인시켜 주는 것도 좋은 교육 방법이다.

<table>
<tr><td rowspan="2">생각 표현하기

중급 2단계

변화법 표현으로
익히기</td><td rowspan="2">제목 :</td><td colspan="2">월   일</td><td>확인</td></tr>
<tr><td colspan="2">작성자:</td><td></td></tr>
</table>

※ 다음 문장을 읽고 변화법이 사용된 부분을 빨간 색으로 밑줄 긋고 사용된 변화법의 종류를 쓰시오.

옥에도 티가 있다는데, 가을 하늘에는 얼 하나 없구나! 뉘 솜씨로 물들인 깁일런가? 남(藍)이랄까, 코발트랄까, 푸른 물이 뚝뚝 듣는 듯하구나!

내 언제부터 호수를 사랑하고, 바다를 사랑하고, 대양(大洋)을 동경하였던가? 내 심장은 저 창공에 조그마한 조각배가 되어, 한없는 항해를 계속하여 마지않는, 알뜰한 향연을 이 철마다 누리곤 한다.

– 이희승의 '청추수제' 中

→

봉네는 앞으로 다가서는 덕이의 얼굴만 빤히 건너다 볼 뿐, 대답이 없었다. 덕이도 그저 봉네의 까만 눈을 들여다보고 서 있는 수 밖에 없었다. 봉네의 눈동자에는 점점 윤이 났다. 봉네의 눈동자 속에 푸른 하늘이 부풀어 오른다. 하는 순간, 따르르 눈물이 뺨으로 굴렀다.

"학이……."

봉네는 가만히 고개를 떨구었다.

– 이범선 '학마을 사람들' 中

→

[실제 사례]

* 옥에도 티가 있다는데, 가을 하늘에는 열 하나 없구나! 뉘 솜씨로 물들인 김일
런가? 남(藍)이랄까, 코발트랄까, 푸른 물이 뚝뚝 듣는 듯하구나!
내 언제부터 호수를 사랑하고, 바다를 사랑하고, 대양(大洋)을 동경하였던가? 내
심장은 저 창공에 조그마한 조각배가 되어, 한없는 항해를 계속하여 마지않는, 알
뜰한 향연을 이 철마다 누리곤 한다. - 이희승의 '청추수제' 中

→ ① 대구법
   ② 영탄법
   ③ 선의법
   ④ 영탄법
   ⑤ 선의법

* 봉네는 앞으로 다가서는 덕이의 얼굴만 빤히 건너다 볼 뿐, 대답이 없었다. 덕이
도 그저 봉네의 까만 눈을 들여다보고 서 있는 수 밖에 없었다. 봉네의 눈동자에
는 점점 윤이 났다. 봉네의 눈동자 속에 푸른 하늘이 부풀어 오른다. 하는 순간,
따르르 눈물이 뺨으로 굴렀다.
"학이……"
봉네는 가만히 고개를 떨구었다.   이범선 '학마을 사람들' 中

→ ① 은유법, 과장법
   ② 과장법
   ③ 생략법

지도 도움말   실제 문장에서 변화법이 어떻게 사용되었는지 이론적으로
접근함으로써 표현 능력을 되짚어 강화하는 교육 단계이다. 부분 부분 빠뜨
리지 말고 어떤 표현법이 사용되었는지 이론적으로 접근하도록 지도한다.

고급: 강조법 익히기

목표 | 강조하기 특성 이해 / 강조법 표현능력익히기

강조하기 특성 이해는 문장의 내용을 보다 강렬하고 절실하게 표현하는 기법으로 듣는 이로 하여금 짧은 순간에 자신의 생각을 정확하게 전달하면서 오랫동안 잊지 않도록 하는 효과가 있음을 교육하는 데 그 목적이 있다면

2단계 강조법 표현능력 익히기는 지루할 수 있는 분위기를 강렬하게 뒤바꿈으로써 표현하고자 하는 바를 한층 더 강렬하고 절실하게 드러내는 능력을 갖추게 하여 표현하는 실제 상황에 부딪혔을 때 적재적소에 끄집어내어 분위기를 반전시킬 수 있는 능력을 배양하는 데 그 목적이 있다고 하겠다.

교육목표		분위기를 강렬하게 뒤바꿈으로써 표현하고자 하는 바를 한층 더 강렬하고 절실하게 드러내는 능력 배양
교육방법	1단계	① 양식을 만든다. ② 양식이 요구하는 내용에 맞추어 쓰도록 지도한다. ③ 바꾸었을 때 어떤 느낌이 들었는지 이야기 하게 한다. ④ 완성된 양식은 일정 기간 모아 두었다가 재검토한다.
	2단계	① 양식을 만든다. ② 양식이 요구하는 내용에 맞추어 쓰도록 지도한다. ③ 강조법이 습관화, 이론화되었는지 정확하게 채점을 해야 한다. ④ 완성된 양식은 일정 기간 모아 두었다가 재검토한다.

<table>
<tr><td colspan="2">생각 표현하기
고급(1단계)</td><td rowspan="2">제목 :</td><td>월</td><td>일</td><td>확인</td></tr>
<tr><td colspan="2">강조법 특성
이해하기</td><td colspan="3">작성자:</td></tr>
<tr><td>대조법</td><td>서로 반대되는 대상을 대조 또는 비교하여 그 차이에 의해 강렬한 느낌이 들도록 표현법</td><td colspan="4">*인생은 (   ),
예술은 (   )</td></tr>
<tr><td>반복법</td><td>같거나 비슷한 말이나 어구, 문장 등을 되풀이하여 흥을 돋우거나 뜻을 강조하는 표현방법</td><td colspan="4">*해야 솟아라 (   )
말갛게 씻은 얼굴 고운 (   )</td></tr>
<tr><td>열거법</td><td>비슷하거나 대등한 문장 또는 단어를 옆으로 죽 나열하는 표현방법</td><td colspan="4">*우리나라 사대 명절에는 (   ),
(   ), (   ), (   )이 있습니다.</td></tr>
<tr><td>연쇄법</td><td>앞 구절의 끝 부분을 다음 구절의 머리에 다시 시작하는 표현방법</td><td colspan="4">*닭아 닭아 우지 마라. 네가 (   )
날이 새고 (   ) 나 죽는다.</td></tr>
<tr><td>과장법</td><td>어떤 사물이나 사실을 실제보다 훨씬 크거나 작게 또는 많거나 적게 선명한 인상을 주는 표현법</td><td colspan="4">*밀려오는 파도의 모습 →
*비가 많이 내리는 모습 →</td></tr>
<tr><td>점층법</td><td>작은 것 → 큰 것, 약한 것 → 강한 것, 좁은 것 → 넓은 것으로 확대시켜나가는 표현법</td><td colspan="4">*열은 백에 당하고,
백은 (   )에 당하며,
천은 (   )에 당한다.</td></tr>
<tr><td>점강법</td><td>큰 것 → 작은 것, 강한 것 → 약한 것, 넓은 것 → 좁은 것으로 점점 축소시켜나가는 표현법</td><td colspan="4">*처음엔 100단어, 다음엔 90단어 다음엔 (   )단어, 다음엔 (   ) 단어로 단어 수를 줄여나갈 수 있었다</td></tr>
<tr><td>영탄법</td><td>문장의 끝 부분에 '!'를 넣어 끝내는 표현 방법</td><td colspan="4">*이 땅을 조국으로 가진 우리 모두의 자랑이 아니고 무엇이겠습니까! ("!"을 넣으니 어떤 생각이 드는지 말하시오.)</td></tr>
</table>

[실제 사례]

<table>
<tr><td rowspan="3">대조법</td><td>서로 반대되는 대상을 대조 또는 비교하여 그 차이에 의해 강렬한 느낌이 들도록 표현법</td><td>인생
인생은
짧고</td><td>예술
예술은
길다</td></tr>
<tr><td colspan="3">다음의 내용을 문장으로 완성시키시오.
→ 인생은 짧고 예술은 길다.</td></tr>
<tr><td></td><td></td><td></td></tr>
<tr><td>반복법</td><td>같거나 비슷한 말이나 어구, 문장 등을 되풀이하여 흥을 돋우거나 뜻을 강조하는 표현방법</td><td>*헤야 솟아라 (해야 솟어라)
말갛게 씻은 얼굴 고운
(해야 솟어라)</td><td>반복하여 쓰였을 경우 어떤 느낌을 받았는지 말하시오</td></tr>
<tr><td>열거법</td><td>비슷하거나 대등한 문장 또는 단어를 옆으로 죽 나열하는 표현방법</td><td>*우리나라 사대 명절에는
(추석)(단오)
(한식)(설)이 있습니다.</td><td>-> 반복법의 차이
->
->
-></td></tr>
<tr><td>연쇄법</td><td>앞 구절의 끝 부분을 다음 구절의 머리에 다시 시작하는 표현방법</td><td>*닭아 닭아 우지 마라. 네가 (울면)날이 새고 (날이 새면) 나 죽는다.</td><td>-> 문장 뒷구절이 다시 다음 문장 첫 구절로 사용되었을 때 느껴지는 감정
-></td></tr>
<tr><td>과장법</td><td>어떤 사물이나 사실을 실제보다 훨씬 크거나 작게 또는 많거나 적게 선명한 인상을 주는 표현법</td><td>*밀려오는 파도의 모습

*비가 많이 내리는 모습</td><td>-> 어떤 느낌이 드는가?

-></td></tr>
<tr><td>점층법</td><td>작은 것->큰 것
약한 것->강한 것
좁은 것->넓은 것으로 확대시켜나가는 표현법</td><td>열은 백에 당하고, 백은 (천)에 당하며 천은 (만)에 당한다.</td><td>-> 확대하여 표현했을 때 어떤 느낌이 드는지 말하시오</td></tr>
<tr><td>점강법</td><td>큰 것->작은 것
강한 것->약한 것
넓은 것->좁은 것으로 점점 축소시켜나가는 표현법</td><td>*처음엔 100단어, 다음엔 90단어 다음엔 (80)단어, 다음엔 (70)단어, 다음엔 (60) 단어로 단어 수를 줄여나갈 수 있었다</td><td>-> 확대하여 표현했을 때 어떤 느낌이 드는지 말하시오</td></tr>
<tr><td>영탄법</td><td>문장의 끝 부분에 '!'를 넣어 끝내는 표현 방법</td><td>이 땅을 조국으로 가진 우리 모두의 커다란 자랑이 아니고 무엇이겠습니까!</td><td>->"!"을 넣으니 어떤 생각이 드는 지 말하시오.</td></tr>
</table>

지도 도움말　이론과 실제가 병행되도록 지도한다. 강조법이 글 속에서 하는 역할이 무엇인지 다시 한 번 확인시켜 주는 것도 좋은 교육 방법이다.

<table>
<tr><td rowspan="2">생각 표현하기

중급 2단계

강조법 표현으로
익히기</td><td rowspan="2">제목 :</td><td>월</td><td>일</td><td>확인</td></tr>
<tr><td colspan="3">작성자:</td></tr>
</table>

※ 다음 문장을 읽고 강조법이 사용된 부분을 빨간 색으로 밑줄 긋고 사용된 강조법의 종류를 쓰시오.

  고요하다는 고요한 것을 모두 모아서 그 중 고요한 것만 골라 가진 것이 어린이의 자는 얼굴이다. 평화라는 평화 중에 그 중 훌륭한 평화만을 골라 가진 것이 어린이의 자는 얼굴이다.

→

  천하에 수목이 이렇게도 지천으로 많던가! 박달나무, 엄나무, 피나무, 자작나무, 고로쇠나무, ……. 나무의 종족은 하늘의 별보다 많다고 한 어느 시의 구절을 연상하며 고개를 드니, 보이는 것이라곤 그저 단풍뿐, 단풍의 산이요, 단풍의 바다이다.

– 정비석, '산정무한' 中

→

[실제 사례]

* 고요하다는 고요한 것을 모두 모아서 그 중 고요한 것만 골라 가진 것에 어린이의
자는 얼굴이다. 평화라는 평화 중에 그 중 훌륭한 평화만을 골라 가진 것이 어린이
의 자는 얼굴이다.

→ ① 반복법   Ⓐ 은유법(비유법 중)
  ② 반복법   Ⓑ 은유법(비유법 중)

* ① 천하에 수목이 이렇게도 지천으로 많던가② 박달나무, 엄나무, 피나무, 자작나무, 고
로쇠나무③……④ 나무의 종족은 하늘의 별보다 많다고 한 어느 시의 구절을 연상하며
고개를 드니, 보이는 것이라곤 그저 단풍뿐,⑤ 단풍의 산이요, 단풍의 바다이다.
정비석, '산정무한'

→ ① 영탄법
  ② 열거법
  ③ 생략법
  ④ 인용법. 비교법
  ⑤ 과장법. 은유법. 대구법

지도 도움말　　실제 문장에서 강조법이 어떻게 사용되었는지 이론적으로
접근함으로써 표현 능력을 되짚어 강화하는 교육 단계이다. 부분 빠뜨리지
말고 어떤 표현법이 사용되었는지 이론적으로 접근하도록 지도한다.

저자 신동명

1963년 의정부에서 태어나 지금까지 의정부를 지키고 있는 향토지킴이로 20년간 오직 논술과 스토리텔링, 토론 연구에만 전념해왔다. 국제사이버대 영어지도학과 토론학개론 교수, 영남사이버대학교 논술지도학과 교수, NTTP(New Teachers Training Program) 경기도 토론교육연구회 자문위원를 하고 있고, 한양대·중앙대 창의력 논술캠프 책임교수, 신흥대 평생교육원 토론구술면접지도사 자격증 과정 대표교수, 경민대 사회교육원 독서토론논술지도사 자격증 과정 책임교수를 지냈으며, 케이블 TV 나라방송에서 [와! 논술이 보인다]를 강의하여 전국 순회하였다. 토론을 교육적으로, 즉 토론 교육으로 정착시켜야만 민주사회를 만들 수 있고 미래지도자를 육성할 수 있다는 신념으로 토론 전문단체인 사단법인 한국청소년문화진흥협회를 설립했으며, 국회의장상 타기 '전국청소년토론논술축제'를 개최하여 '한국형모둠찬반토론'을 교육 현장에 정착시키는 일에 앞장서고 있고 '토론공교육화운동'의 정신을 정립, 토론공교육화에 매진하고 있다. 또 새벽시 동인으로 동인시집 [용도·폐기처분에 관하여], [秋月]에 참여했다.
지은 책으로는 우리나라 최초 토론식수업 개론서인 《선생님을 위한 토론교과서》, 《따라하면 끝나는 실전 토론교과서》와 초등학생들을 위한 《신동명 창의력 교과서 토론논술》이 있고, 우리나라 최초의 토론 전문 교재 시리즈인 《에토스 토론》을 시리즈로 출간 중이다.

저자 최명숙

사단법인 한국청소년문화진흥협회 이사장이면서 '스토리텔링 창의력 논술 수업의 대가'로 남편 신동명과 함께 20년간 논술과 스토리텔링 연구에 매진해왔다. 의정부 지역에서 세별청소년단을 구성하여 무료 토론 교육을 진행하고 있으며, 국제사이버대학교 평생교육원에서 스토리텔링 창의력 논술지도사 자격증 과정 교수를 역임하고 있다.

스토리텔링을 위한
창의력논술학교

초판 1쇄 발행|2013년 3월 20일

지은이 | 신동명, 최명숙
펴낸이 | 이영남
디자인 | 온북 ONBOOK
용지 | 상산페이퍼
인쇄 | 예림인쇄
제본 | 바다제책
펴낸곳 | 스마트인
출판등록 | 2012년 06월 01일(제313-2012-192호)
주소 | 서울시 마포구 성산동 648-8 그린오피스텔 501호
전자우편 | 01msn@naver.com
전화 | 070-4253-4935
팩스 | 02-2699-4935

ISBN 978-89-97943-03-6 13370